FRANZ ZIMMERMANN

EINFÜHRUNG IN DIE EXISTENZPHILOSOPHIE

DIE PHILOSOPHIE

Einführungen in Gegenstand, Methoden und Ergebnisse
ihrer Disziplinen

WISSENSCHAFTLICHE BUCHGESELLSCHAFT
DARMSTADT

FRANZ ZIMMERMANN

EINFÜHRUNG IN DIE EXISTENZPHILOSOPHIE

WISSENSCHAFTLICHE BUCHGESELLSCHAFT
DARMSTADT

Einbandgestaltung: Studio Franz & McBeath, Stuttgart.

1. Auflage 1977
2., unveränderte Auflage 1988

Die Deutsche Bibliothek – CIP-Einheitsaufnahme

Zimmermann, Franz:
Einführung in die Existenzphilosophie / Franz Zimmermann. – 3., unveränd. Aufl. – Darmstadt: Wiss. Buchges., 1992
(Die Philosophie)
ISBN 3-534-07257-X

Bestellnummer 07257-X

3., unveränderte Auflage 1992

Gedruckt auf säurefreiem und alterungsbeständigem Offsetpapier
Satz: Fotosatz Janß, Pfungstadt
Druck und Einband: Wissenschaftliche Buchgesellschaft, Darmstadt
Printed in Germany
Schrift: Linotype Garamond, 9/11

ISSN 0174-0997
ISBN 3-534-07257-X

INHALTSVERZEICHNIS

VORWORT

Die vorliegende Einführung wendet sich vor allem an Studenten und interessierte Leser. Sie soll mit Gegenstand und Methode der Existenzphilosophie vertraut machen und einen Einblick in deren Wirkung vermitteln. Um dabei der Eigenart und Unterschiedlichkeit der einzelnen „Existenzphilosophien" und ihrer jeweiligen Methoden zu entsprechen, werden diese nicht in einem gesonderten Abschnitt, sondern im Zusammenhang mit den verschiedenen Existenzauslegungen im zweiten Teil erörtert. Deren gemeinsamer Ansatz, verstanden als Destruktion und polemische Negation traditioneller Wesensphilosophie, ist Thema des ersten Teils.

Angesichts des umfangreichen Schrifttums zur Existenzphilosophie schien es im Sinne einer Orientierungshilfe zweckmäßig, auf wesentliche Sekundärliteratur zu Einzelfragen in Anmerkungen zu verweisen, dagegen einführende und Gesamtdarstellungen sowie thematisch umfassende Sammelwerke am Schluß eines jeden Kapitels aufzuführen und mit einer knappen Charakteristik zu versehen. Zudem wurden die Schriften der behandelten „Existenzphilosophen" bibliographisch erfaßt und durch Verzeichnisse der entsprechenden bibliographischen Nachschlagewerke ergänzt. Sie sollen dem Leser die Vertiefung von Fragestellungen ermöglichen, die im Rahmen einer Einführung nur angedeutet werden können.

Abschließend möchte ich noch meiner Frau für ihre sachkundige und verständnisvolle Hilfe bei der Fertigstellung des Manuskripts danken.

München, im September 1976 Franz Zimmermann

EINLEITUNG

Aristoteles' einfacher Satz, daß die Leier nur spielen lernt, wer sie spielt, gilt vornehmlich für jede Einführung in die Philosophie. An sie kann ebensowenig von außen herangeführt werden, wie sie selbst ein fester Bestand bestimmten Wissens ist. Eher schon läßt sie sich als beständige Suche nach dem, was das Seiende ist, und damit als jene eigenartige Frage verstehen, die vor sich selbst und dem Fragenden nicht haltmacht. Offensichtlich eine Kreisbewegung, und die Philosophie scheint selbst jener Kreis zu sein, in den man „hineinspringen" muß, soll man in sie eingeführt werden.

Eine Einführung, insbesondere in die Existenzphilosophie, kann deshalb nur Hinweischarakter besitzen, dies um so mehr, als sich die Fragen konkreter Existenz ohnehin nur durch das Existieren selbst klären lassen und dazu einer theoretischen Durchsichtigkeit nicht bedürfen.

Gerade sie ist nun das Anliegen einer Reihe philosophischer Strömungen, die etwa seit 1930 unter der Bezeichnung „Existenzphilosophie" bekannt wurden, zum Teil aber erst nach dem Zweiten Weltkrieg als „Existentialismus" in das öffentliche Bewußtsein traten.[1]
Dieses glaubte dann angesichts jener einheitlich klingenden Titel an die Einheit einer Sache, für die es jedoch in Wirklichkeit kaum möglich ist, eine gemeinsame positive Bezeichnung zu finden.

Hier liegt auch die Problematik der vorliegenden Darstellung: so etwas wie *die* Existenzphilosophie gibt es nicht, wenn man darunter ein Denken versteht, das an eine bestimmte Methode gebunden ist und einen durch sie explizierbaren, einheitlichen Gegenstand besitzt.

Der Titel „Existenzphilosophie" und die Zuordnung einzelner Denker zu ihm stellt deshalb mehr eine nominelle Anzeige für recht disparate Inhalte dar als die begriffliche Fassung einer gemeinsamen Thematik.

Dies ist nicht ohne tieferen Grund, denn die Einheit der Existenzphilosophie ist zunächst negativ akzentuiert, insofern ihr anfängliches Selbstverständnis vor allem einer polemischen Negation der traditionellen Metaphysik entsprang, als deren Gegenbewegung es sich artikulierte.

So verstand sich ihr Inaugurator, Kierkegaard, ausdrücklich als

Opponent und Gegensatz zu Hegel, in dem jene Metaphysik als Wesensphilosophie ihren Kulminationspunkt erreichte, und so konnte Sartre in deren Umkehrung als Parole des Existentialismus formulieren: die Existenz geht der Essenz, dem Wesen, voraus.

Existenzphilosophie in dieser Gestalt bleibt deshalb dem verhaftet, wogegen sie zeugt, wobei es die Leistung Heideggers ist, diesen Bann der bloßen Gegenbewegung durchbrochen zu haben in der Absicht einer radikalen Neubesinnung und Verwindung der Wesensmetaphysik sowie ihres Gegensatzes, der Existenzphilosophie.

Der folgende Versuch, zunächst ein geschlossenes Bild der Existenzphilosophie und damit so etwas wie einen sie leitenden Existenzbegriff zu gewinnen, muß deshalb von jener Tradition der Metaphysik ausgehen, um sodann positiv einen relativ gemeinsamen Nenner für die einzelnen „Existenzphilosophen" zu finden unter Ausklammerung ihrer Spezifität. Der dadurch bedingte Mangel soll dann im 2. Teil durch Darstellungen einzelner Denker wieder ausgeglichen werden.

Dabei wurde bewußt auf den Anspruch der Vollständigkeit verzichtet, vielmehr ging es darum, in einer Auswahl bestimmte Typen von Existenzphilosophie in ihrer Grundgestalt durch eine möglichst textnahe Binneninterpretation in den Blick zu bringen und damit eine Einführung im Sinne eines Nachvollzugs zu ermöglichen.

Was nun die Auswahl betrifft, so besitzt Sören Kierkegaard die Dignität des „Begründers" der Existenzphilosophie, während mit Martin Heidegger ihr inneres Ende markiert ist. Der Zwischenbereich wurde im Ausgang vom Kierkegaardschen Ansatz bestimmt, demzufolge Existenz ihren Sinn vom geschichtlichen Gott empfängt. Unter dem Aspekt der verschiedenen Sinnhorizonte von Existenz lassen sich sodann Karl Jaspers, Albert Camus und Jean-Paul Sartre als je verschiedene Gestaltungstypen jenes Ansatzes begreifen, was ihre Darstellung rechtfertigt.

Denker wie P. Wust, L. Lavelle, G. Marcel u. a. werden dabei bewußt ausgeklammert, da sie unter obigem Kriterium einer der genannten Grundgestalten zugeordnet werden können, trotz aller Verschiedenheit und Eigenständigkeit, was vor allem für G. Marcel gilt.[2]

Dagegen kann die Wirkung der „Existenzphilosophie" auf die Psychologie (L. Binswanger, M. Boss, V. E. Frankl), die Philologie (E. Staiger, B. Allemann), die Ethik (E. Grisebach) sowie auf die evangelische Theologie (K. Barth, F. Buri, R. Bultmann, G. Ebeling, F. Fuchs, F. Gogarten, H. Ott, P. Tillich) und die katholische Theologie (R. Guardini, K. Rahner, B. Welte) hier nur erwähnt werden. Das gleiche gilt für Nicola Abbagnano als führenden Vertreter italienischer[3] und für Miguel de Unamuno als Repräsentant spanischer Existenzphilosophie[4] sowie für die beiden russischen Emigranten Nicolai Berdjajew[5] und den durch die Existenzphilosophie beeinflußten Leo Schestow.[6]

Was nun die aktuelle philosophische Diskussion angeht, so scheint die Existenzphilosophie neben der sprachanalytischen, der marxistischen und der transzendentalphilosophischen Position einen relativ bescheidenen Platz innerhalb einer „Philosophie der Praxis" einzunehmen.[7] Dabei darf jedoch der vielversprechende Versuch von D. Føllesdal, über die Phänomenologie eine Verbindung zwischen Existenzphilosophie und analytischer Philosophie herzustellen, nicht unerwähnt bleiben.[8]

1. Teil

EXISTENTIA VERSUS ESSENTIA?

Als erster Zugang zum Verständnis dessen, was mit „Existenzphilosophie" bzw. „Existenz" gemeint ist, bietet sich scheinbar ihre Einordnung in das scholastische Begriffspaar „existentia — essentia" an.[9] Letztere wird bekanntlich mit Sosein und Wesen übersetzt, worunter das in der Definition bzw. im Begriff gefaßte Was-sein einer Sache verstanden wird als das in allen Veränderungen der Dinge unveränderlich Bleibend-Notwendige sowie übereinzeln Allgemeine. Im Gegensatz dazu meint existentia das Daß-sein eines Dinges, sein zufälliges, faktisches Vorhanden- und Wirklichsein, das sein Maß in der essentia hat. Existenzphilosophie hätte dann das „Wirklichsein" der Dinge zu ihrem Gegenstand. Doch hier führt die oberflächliche Orientierung an den Begriffen in die Irre, und es muß in Erinnerung gebracht werden, daß sich die Existenzphilosophie als Gegenbewegung zur traditionellen Metaphysik versteht und deshalb nur bedingt von der für sie spezifischen Unterscheidung „essentia — existentia" her begreifen läßt. Dennoch ist es die Eigentümlichkeit dieses Protests gegen die als Wesensphilosophie verstehbare Metaphysik, daß jene „existentia" polemisch gegen die „essentia" akzentuiert, dabei jedoch entscheidend in ihrer Bedeutung verwandelt wird: Nicht den Dingen, sondern nur mehr dem Menschen wird „Existenz" zugeschrieben, er „hat" sie nicht, sondern *ist* Existenz, worunter jetzt die Vollzugsweise menschlichen Daseins verstanden wird.

Doch dies sei im Vorgriff gesagt, jetzt hingegen soll versucht werden, diesen Bedeutungswandel im Nachvollzug jener Negation der Metaphysik und das heißt zugleich: im Ausgang von ihr einsichtig zu machen.

1. Die Wesensphilosophie

Es gilt also zunächst, Metaphysik in ihrem Grundzug als Wesens- oder Essenzphilosophie zu kennzeichnen, um sodann den Ort der Existenzphilosophie zu bestimmen.[10]

Bekanntlich hat die Metaphysik ihren geschichtlichen Ursprung im platonisch-aristotelischen Denken, das allen ihren späteren epochalen Ausprägungen die Richtung wies, was jedoch geschichtlich gesehen nicht heißt, daß jene sich einfach aus dem griechischen Ansatz ableiten oder als dessen Korrekturen begreifen ließen. Für eine metaphysikimmanente Betrachtungsweise hingegen stellt sich das Verhältnis von metaphysisch-systematischem Denken zu seiner historischen Tradition als kontinuierliche Differenzierung oder notwendige Entwicklung des Anfangs dar wie bei Hegel, dessen Dialektik die Vermittlung von System und Geschichte zu leisten beansprucht.[11] Geschichte kann in dieser Sicht nicht mehr außerhalb der Metaphysik sein, sondern muß als der notwendige Prozeß ihrer Entfaltung begriffen werden, in deren letzter Gestalt Metaphysik absolutes, sich selbst begreifendes Wissen, Geist ist. So gesehen erreicht in Hegel die Metaphysik ihre Vollendung als Wissen ihrer selbst.

Doch was hat Hegel mit der Existenzphilosophie zu schaffen und vor allem, welches ist ihr Verhältnis zur Metaphysik und wie ist diese selbst zu verstehen?

Wie bereits gesagt, ist ihr geschichtlicher Anfang im platonisch-aristotelischen Denken zu sehen. Der Titel „Metaphysik" selbst ist eine bibliothekarische Bezeichnung des Andronikos von Rhodos, der in seiner Redaktion des Corpus Aristotelicum „nach den physikalischen Büchern" (meta ta physica) jene 14 Bücher folgen ließ, in denen Aristoteles eine „erste Wissenschaft" zu entfalten suchte.

Ihr Ziel ist die Untersuchung und das Wissen der „ersten Ursachen und Gründe" (prota aitia kai archai) des Seienden.[12] Dieses wird aber nicht unter bestimmten Aspekten, den verschiedenen Naturbereichen, auf seine Ursachen hin erforscht — dies ist Aufgabe der Einzelwissenschaften —, sondern im allgemeinsten Sinn des „Seienden als Seienden" (on he on). Es wird also gefragt, warum ein Seiendes dieses und nicht ein anderes, warum z. B. dieses ein Haus und nicht ein Mensch ist. Die Antwort findet Aristoteles in der Wesenheit als dem allen Veränderungen eines Seienden zugrundeliegenden Substrat (hypokeimenon) und Wesenwas (to ti en eînai), das im Begriff (logos) gedacht wird.[13] Er ist keine Wahrnehmungserkenntnis (aisthesis) des zeitlich fluktuierenden, in stetem Wechsel sich befindlichen Sinnlichen, sondern des in allen Veränderungen sich durchhaltenden und bleibenden Grundes als Wesen. Wird es vernichtet, so ist ein Ding nicht verändert, sondern zerstört.

Die vielen prinzipiell vergänglichen Wesen verweisen aber auf ein absolut unvergängliches Wesen und ewigen, höchsten Grund hin: das Göttliche (theion), das letzter, unbeweglicher Grund aller Bewegung und dessen Leben das in reiner Theoria glücklich sich selbst denkende Denken (noesis noeseos) ist.[14]

Höchstes und wesenhaftest Seiendes, der alle Einzelgründe fundierende Grund ist damit das Denken, die Vernunft (nous) selbst, und von Aristoteles her ist nun alle Metaphysik Geistmetaphysik, in der das Sein des Seienden als Geistig- bzw. Denkendsein ausgelegt wird. Die Grundbewegung der Metaphysik ist seitdem der denkende Überstieg über das mit den Sinnen wahrnehmbare, sich stets verändernde einzelne zum bleibenden und deshalb übersinnlichen Wesen und beständig Allgemeinen hin.

Ermöglicht und inauguriert aber wurde diese Aufstiegs- und Überstiegsbewegung durch *Platons* folgenschwere Leistung der Differenzierung von Wahrnehmung und Denken, von dem in ihr gegebenen werdehaft Seienden in seiner wechselnden Erscheinung und dem im Denken erkennbaren Seienden in seinem unveränderlichen Wesen. Dieses bezeichnet Platon bekanntlich als *eidos* im Sinne des Aussehens und als *idea* im Sinne des Sich-Zeigenden. Mit ihm ist nun kein wahrnehmbares Seiendes gemeint, sondern das, was ich vorgängig gesehen haben muß, um überhaupt die einzelnen Wahrnehmungen identifizieren und einordnen zu können. Eidos ist der Anblick, den ein Seiendes bieten muß, um in dem, was es ist, erkannt und als solches angesprochen werden zu können. So kann etwa eine Gestalt als Mensch bezeichnet werden, wenn sie in aller Veränderung das bleibende Aussehen des Menschlichen wahrt, das „vor" den wechselnden Wahrnehmungsgestalten bekannt sein muß, da es normativ für sie ist. Die Ideen sind deshalb die Normen und Maßstäbe, mittels derer entschieden wird, ob ein Wahrnehmungsinhalt diesem oder jenem Seienden zuzuschreiben ist, ob ein Ding dieses ist oder ein anderes. So gibt es ein bleibend verbindliches Aussehen (Wesen) z. B. des Staates, das ein Herrschaftsgebilde erfüllen muß, um überhaupt als Staat angesprochen werden zu können. Und deshalb gibt sich auch Sokrates auf die Frage, was die Tapferkeit sei, nicht mit Beispielen von tapferen Männern zufrieden, weil es ihm um ein begründetes Wissen darüber geht, was die Tapferkeit als solche, d. h. ihrem Wesen oder ihrer Idee nach sei. Wegen dieses normativen Charakters können die Ideen nicht aus empirischen Daten gewonnen werden, sondern müssen von vornherein festgelegt und gewußt (erblickt) sein, wie Platon vor allem anhand von mathematischen Beispielen zu zeigen versucht.[15] Den „Ort" dieses Vorwissens nennt Platon Seele, während er die Weise des Erblickens als anläßlich der Wahrnehmung eintretende Erinnerung (anamnesis) der Ideen bestimmt. Entscheidend ist dabei, daß diese schon je gewußten und in der Erinnerung präsenten Ideen die wahre Wirklichkeit, die eigentlich, ewig Seienden sind im Gegensatz zur wahrnehmbar sinnlichen Welt, die, weil in steter Veränderung befindlich, ein Seiendes (on), aber auch Nichtseiendes (me on) ist. Damit sind aber auch Aufgabe und Stellung des Menschen vorgezeichnet: Da von vornherein sein Wesen festgelegt ist, kann es nur mehr darum gehen, es zu verwirklichen, das Ewige, wenn auch unvollkommen, in der Zeit zu realisieren: Selbstverwirklichung ist Wesensverwirklichung. Diese geschieht, indem die Seele „auf sich selbst blickt“ [16] und damit auf die Ideen im gleichzeitigen Wegblicken vom verwirrend Sinnlichen und vergänglich Einzelnen, dessen ausgezeichneter Repräsentant der Leib ist. Die mit der Selbstverwirklichung des Menschen identische Aufgabe ist deshalb der Aufblick zu den ewigen Ideen als Überstieg über die einzelnen Seienden und die mit ihm verbundene Läuterung und Befreiung der Seele von den „Fesseln“ des Leibes und den Irrungen der Werdewelt. Angesichts dieses immer bleibenden, sich durch alle zeitlichen Veränderungen durchhaltenden Wesens ist Selbstwerdung nur akzidentell von widrigen oder glücklichen äußeren Verhältnissen abhängig, prinzipiell aber zu jeder Zeit möglich. Die endgültig verpaßte Chance oder den Augenblick der Entscheidung vor einer einmaligen geschichtlichen Forderung kann es deshalb in dieser Weltauslegung nicht geben, es sei denn als beliebiger und damit ungeschichtlicher Anlaß der Überstiegsbewegung.

Soweit Platon. Entscheidend ist, daß bei ihm und den folgenden die Menschlichkeit des Menschen nun gerade darin gesehen wird, daß er diese Aufstiegsbewegung vermag und somit, wie Kant sagt, ein metaphysisches Wesen ist, dessen Wahrheit in der Überzeitlichkeit des wissenschaftlichen oder des sie umfassenden göttlichen Wesenswissens liegt und dessen letztes Ziel eine Art approximativer „deificatio hominis“ ist. Menschliche Selbstverwirklichung geschieht im metaphysischen Verständnis deshalb als Streben nach diesem Ziel, gleich ob dieses nun als Idee oder, wie in der Folgezeit, als essentia, Wesenheit, Prinzip oder oberster Wert vorgestellt und die Bestimmung des Menschen dementsprechend in der Ausbildung der Vernunft oder in der Erziehung zur sittlichen Haltung gesehen wurde. Immer wird dabei seine Individualität am Allgemeinen, seine Endlichkeit am Unendlichen, sein Zeitlichsein am Ewigen gemessen und seine Sinnlichkeit auf seine Geistigkeit, dem eigentlichen Sein, zurückgeführt.

Diese Betrachtungsweise ist für die Metaphysik konstitutiv, denn immer ist es das höchste Seiende, an dem sich der Sinn von Wahrheit und Wirklichkeit letztlich erfüllt in der Identität von Sein und Denken bzw. Sein und Wesen. Und immer wird der Mensch von jener Identität her als „zusammengesetztes“ Seiendes begriffen, das seiner

Wirklichkeit nach singulär und endlich, seiner Möglichkeit nach aber universal und unendlich ist.

Dieses die ewigen Prinzipien und Wesenheiten vorstellende Vermögen der Unendlichkeit und Absolutheit wird, geschichtlich je verschieden, als Seele, nous, als „lumen intellectus agentis", wie bei Thomas von Aquin, oder als Vernunft bzw. Geist, wie bei den späteren ausgelegt.[17]

Die Bestimmung des Menschen kann deshalb nur darin liegen, diese Möglichkeit zu realisieren, sei es im sittlichen Handeln angesichts einer ethisch absoluten Forderung, an der, wie z. B. bei Kant,[18] der Mensch seine Freiheit von den ihn determinierenden Dingen und der ihn nötigenden Sinnlichkeit erkennt, sei es im erkennenden Überstieg über seine Begrenztheit und Singularität, in dem er zu sich und seiner Wahrheit kommt. In der letzten Konsequenz dieser Sicht, wie etwa bei Hegel, ist deshalb das Einzelseiende nur das unwahre, unvernünftige, bloß „vermeintlich" Seiende,[19] da allein das Allgemeine konkret und wahr ist, und muß der Mensch als endliches, denkendes Seiendes zum unendlichen Seienden, zu Gott, erhoben werden, was Aufgabe der Philosophie des Geistes ist. Zwar wird in dieser Bewegung die Endlichkeit nicht verabschiedet, wie Hegel ausdrücklich bemerkt, sondern mit der Unendlichkeit Gottes im absoluten Geist-Ganzen als der Einheit der Entzweiung versöhnt, jedoch fragt sich — und das ist der kritische Ansatz Kierkegaards —, in welchem Sinne dann noch von Endlichkeit gesprochen werden kann. Diese Frage soll hier nicht entschieden, sondern nur mit einem Zitat aus ›Glauben und Wissen‹ verdeutlicht werden.

In dieser Schrift betont Hegel, daß die Reflexionsphilosophie das Endliche und die Subjektivität, wenn sie sie als absolute Wahrheit nach ihrer Weise in Begriffsform aufnimmt, nicht dadurch reinigen kann, „daß sie dieselbe mit Unendlichem in Beziehung bringt; denn dieses Unendliche ist selbst nicht das Wahre, weil es die Endlichkeit nicht aufzuzehren vermag. Wenn aber in ihr die Wirklichkeit und das Zeitliche als solches verschwindet, so gilt dies für grausames Sezieren, das den Menschen nicht ganz läßt, und für ein gewalttätiges Abstrahieren, das keine Wahrheit, besonders nicht praktische Wahrheit hat, und eine solche Abstraktion wird begriffen als schmerzerregendes Wegschneiden eines wesentlichen Stückes von der Vollständigkeit des Ganzen; als wesentliches Stück aber wird erkannt und als ein absolutes Ansich das Zeitliche und Empirische und die Privation. Es ist, als ob derjenige, der nur die Füße eines Kunstwerks sieht, wenn das ganze Werk seinen Augen enthüllt wird, darüber klagte, daß er der Privation priviert, die Unvollständigkeit verunvollständigt worden sei. Das Endliche erkennen ist als solches Erkennen eines Teils und eines Einzelnen. Wenn das Absolute *zu-*

sammengesetzt wäre aus Endlichem und Unendlichem, so würde die Abstraktion vom Endlichen allerdings ein Verlust sein, aber in der Idee ist Endliches und Unendliches eins und deswegen die Endlichkeit als solche verschwunden, insofern sie an und für sich Wahrheit und Realität haben sollte; es ist aber nur das, was an ihr Negation ist, negiert worden und also die wahre Affirmation gesetzt." [20]

Für Kierkegaard ist aber damit obige Frage beantwortet, insofern er jenes „Verschwinden" der Endlichkeit dahingehend interpretiert, daß in der Hegelschen Begriffsdialektik „über dem Denken der Denker vergessen" und das konkrete Dasein des endlich denkenden Menschen ausgeklammert bzw. zu einer Schattierung im Systemganzen des Geistes degradiert sei. Dieser Protest Kierkegaards gegen die Nivellierung des Einzelnen im System richtet sich nun zwar primär gegen Hegel als den Vollender der Metaphysik, bezieht sich aber darüber hinaus auf deren gesamte Tradition und beginnt zunächst als Auseinandersetzung mit dem Platonischen Denken. In ihr wird dann auch ein spezifischer Existenzbegriff kreiert, der in einer eigentümlichen Abhängigkeit von der Wesensphilosophie steht, ohne sich in deren bloßer Negation zu erschöpfen. Darauf soll nun im folgenden eingegangen werden.

2. Kierkegaards Frage

Überzeugung der spekulativen Ontologie von Platon bis Hegel ist, daß sich der Mensch eigentlich nur im Ewigen und Unendlichen erfüllt und seine Wahrheit nur in der Übereinstimmung mit der allgemeinen, d. h. objektiven Wesenheit erreicht, wodurch er wesentlich wird.

Die für Kierkegaard entscheidende Frage ist nun, wie der einzelne Mensch in diese Wahrheit hineinkomme, wie also jene Übereinstimmung möglich sei. Die Antwort ist folgenschwer: solche Übereinstimmung ist nur möglich, wenn Sein (Wesen) abstraktes, d. h. gedachtes Sein und damit Wahrheit letztlich die Übereinstimmung des Denkens mit sich selbst ist. „Sein" besagt dann nicht mehr, daß der Denkende *ist*, sondern nur, daß er ein Denkender ist, und erst unter dieser Voraussetzung könne man die Identität von Denken und Sein behaupten, wie dies Hegel tat.[21]

Wenn aber der Mensch erst als denkend-vernünftiges Wesen eigentlich *ist*, so ist damit die Lösung von sich als endlich-konkretem Dasein gefordert, über die sich nur hinwegtäuschen kann, wer durch die Hingabe an die objektive Wahrheit bereits in ihr zu sein glaubt: der „abstrakte Denker".

Kierkegaard wird nicht müde, ihn als eine komische Gestalt zu zeichnen,[22] die auf die Unmöglichkeit jener Loslösung verweist, d. h. auf ein konstitutionelles Nichtübereinstimmenkönnen des Menschen mit einer ewigen Wahrheit und auf die Vergeblichkeit des Verlangens nach einer universellen, absoluten Gewißheit. Begründet wird dies mit dem Hinweis auf die faktische, von Zufälligkeit gezeichnete Endlichkeit des menschlichen Daseins, deren schärfster Ausdruck die Sterblichkeit als absolute, nicht aufhebbare Ungewißheit des Todes ist. „Ist der Tod immer ungewiß, bin ich sterblich: so bedeutet das, daß diese Ungewißheit unmöglich im Allgemeinen verstanden werden kann, falls ich nicht so ein Mensch im allgemeinen bin ... Aber daß ich sterbe, ist für mich gar nicht so etwas im allgemeinen, für andere ist mein Sterben so etwas.“ [23]

In der Ungewißheit des Todes ist über mich schon je verfügt gegen eine objektive Gewißheit, und im Faktum des unvertretbaren: „Ich sterbe“ bin ich schon je aus der allgemeinen Wahrheit zurückgeholt und ist mir der Zugang zum Absoluten und Ewigen versperrt.

Wird aber dergestalt die Endlichkeit des Menschen ernst genommen, so ist die Konsequenz dieser Einsicht, daß die einzige, dem Menschen erreichbare Wahrheit nur das Streben nach ihr sein kann und das heißt: unmittelbares Ziel des Strebens kann nicht mehr die objektive Wahrheit sein, sondern dies, sich als Strebender zu konstituieren und auf das Wie des Strebens bzw. des Verhältnisses zu achten. Genau dies soll auch mit der Unterscheidung von subjektiver versus objektiver Wahrheit in den Blick gebracht werden.

> Wird objektiv nach der Wahrheit gefragt, dann wird objektiv auf die Wahrheit als einen Gegenstand reflektiert, zu dem der Erkennende sich verhält. Es wird nicht auf das Verhältnis reflektiert, sondern darauf, daß es die Wahrheit ist, das Wahre, zu dem er sich verhält; wenn das, wozu er sich verhält, nur die Wahrheit, das Wahre ist, dann ist das Subjekt in der Wahrheit. Wird subjektiv nach der Wahrheit gefragt, dann wird subjektiv auf das Verhältnis des Individuums reflektiert; wenn nur das Wie dieses Verhältnisses in Wahrheit ist, dann ist das Individuum in Wahrheit, selbst wenn es sich so zur Unwahrheit verhielte.[24]

Objektiv interessiert: *was* gesagt wird, subjektiv: *wie* etwas gesagt wird, was nicht heißt, daß der subjektive Denker sich nicht um das Objektive kümmert, sondern daß er sein Verhältnis zu ihm reflektiert, z. B. ob er wahr von der Wahrheit spricht, sich selbst im Gedachten versteht und es sich aneignet, was Kennzeichen konkreten Denkens ist.

Das leidenschaftliche Interesse des Subjekts an seinem Streben und dem Wie seines Verhältnisses bestimmt Kierkegaard als Subjektivität,

Innerlichkeit und Geist,[25] das Streben selbst als *Existenz* bzw. Existieren.[26]

Existenz ist damit der schärfste Ausdruck eines Faktums, dessen Endlichkeit durch Sterblichkeit konstituiert und durch sie als negatives Verhältnis zur Unendlichkeit und zu jedem bleibenden Wesen gesetzt ist. Existenz kann deshalb als faktisches Verhältnis und als sich verhaltendes Faktum bestimmt werden, der Mensch hingegen als wesenloses Wesen, insofern er existierend dieses unaufhebbare Verhältnis ist.

Entscheidend ist dabei, und hier liegt die Pointe des Existenzbegriffs und seine implizite Absage an die Wesensphilosophie, daß das zu Erstrebende nicht ein feststehend Objektives, Wahres ist, sondern das Streben selbst, und daß dieses kein Ziel ist, das man einholen und bei dem man aufhören könnte. Vielmehr ist dieses Streben beständig, da jeder erreichte Fixpunkt schon je von der Möglichkeit des Todes überholt und damit bloße Etappe ist, und es *soll* unendlich sein, da es einziger Inhalt der menschlichen Existenz ist und deshalb absolut akzentuiert werden muß. Das aber heißt: Die Selbstverwirklichung des Einzelnen ist nur möglich in der Annahme seiner selbst als strebend, dergestalt, daß er in unendlicher Leidenschaft als dem Maximum des „Wie" strebt.

Die einzige dem Existierenden mögliche Wahrheit und subjektive Gewißheit ist deshalb die leidenschaftliche Innerlichkeit, in der die im Streben implizierte objektive Ungewißheit festgehalten wird.

Dieses Festhalten wiederum kann aber nicht von der Reflexion geleistet werden, sondern ist eine faktische Handlung, die keine Gewißheit beanspruchen oder sich an ihrem Leitfaden orientieren kann, und deshalb als Setzen auf ein Ungewisses, d. h. als Entscheidung bzw. „Sprung" bestimmt werden muß.

In der Auffassung Kierkegaards war es nun Sokrates, der um die Unerreichbarkeit der ewigen Wahrheit wußte und dieses Streben ernst nahm, als Sinn des Philosophierens erkannte.

Zugleich aber war er es — und Kierkegaards Verhältnis zu ihm ist deshalb zwiespältig —, der die metaphysische Auslegung des Menschen vorbereitete und ihm die Richtung über sich hinaus auf das Ewige wies. Zwar ist das Streben zu ihm für Sokrates noch unendliche Aufgabe, jedoch wird sie bei Platon und den folgenden zum Weg, auf dem der Besitz der objektiven Wahrheit als Wiedererinnerung und Schau der ewigen Ideen prinzipiell erreichbar ist.

Daß aber Sokrates der spekulativen Falle entging und sich nicht aus dem Existieren davonschlich, lag in seiner Individualität, nicht aber in seinem metaphysischen Ansatz begründet. Das aber heißt für

Kierkegaard: Das Sokratische bietet keine hinreichende Gewähr, sich nicht in der Spekulation zu verlieren und als existierend zu vergessen. Soll dieser Ausweg aber prinzipiell verschlossen und damit Existenz absolut akzentuiert werden, so muß die Wahrheit, das Ewige, von sich selbst her abstoßend und das heißt: nicht mehr objektiv und einsichtig sein. Dies ist dann der Fall, wenn die ewige, wesentliche Wahrheit selbst paradox ist, im Widerspruch zu sich steht. Eine solche Wahrheit ist absurd und nicht mehr denkbar. Soll sie dennoch für den Menschen sein, dann kann sie nicht mehr durch das Denken vermittelt, sondern nur mehr im unbegründbaren, das Denken suspendierenden Sprung erreicht und angeeignet werden. Diesen Sprung nennt Kierkegaard Glauben. Glaube ist das Wagnis angesichts eines unendlichen Risikos und das Setzen auf ein absolut Ungewisses, das Paradox. Mit ihm ist aber nicht eine abstrakte, auf der Ebene der Logik explizierbare contradictio von Begriffen gemeint, sondern der Widerspruch als jenes geschichtliche Faktum, daß der Gott als Mensch *da* gewesen und das Ewige in der Zeit geworden ist.

Der Gegenstand des Glaubens ist deshalb keine Lehre, in der objektive Wahrheit verbürgt ist, sondern „die Wirklichkeit des Gottes in Existenz, das heißt: als eines Einzelnen, das heißt: daß der Gott als einzelner Mensch dagewesen ist“.[27]

Dieses einmalige und unverfügbar geschichtliche Faktum liegt gänzlich außerhalb jedes subjektiven Vermögens, das es weder als Möglichkeit denken noch als Wirklichkeit stiften kann. Der Sprung des Glaubens kann deshalb nicht mehr aus der Kraft des Subjekts geleistet werden, das ja angesichts jenes Faktums gerade seine Ohnmacht (d. h. sich als sündig) erfährt, vielmehr muß jetzt der einzelne durch den Gott selbst angesprochen und zum Glauben ermächtigt (d. h. erlöst) werden. Erst durch diesen geschichtlichen Anspruch des Gottes ist dem Menschen glaubendes Entsprechen möglich als unendliche Leidenschaft der Existenz und deren absolute Akzentuierung.

Bei dieser Bestimmung gilt es einen Augenblick zu verweilen, denn jetzt erst zeigt sich der Existenzbegriff in seiner Eigenständigkeit, zugleich aber in seiner schärfsten Opposition zum Wesensbegriff.

Ist das Wesen die Wahrheit des Menschen, so findet er sie im Aufstieg zum bleibend Ewigen und im Überstieg über die Zeit und das zeitlich Seiende.

Diesen Transcensus kann der Mensch prinzipiell zu jeder Zeit tätigen und aus eigenem Vermögen leisten, weil ihm die ewige Wahrheit ursprünglich zu eigen ist und nicht als Fremdes auf ihn zukommt. Ihr Lehrer oder Mitteiler kann deshalb nur die Funktion eines zeitlichen

Anlasses des Aufstiegs besitzen, ohne dabei selbst in seinem geschichtlich konkreten Dasein von Bedeutung zu sein.

Ist hingegen die Existenz die Wahrheit des Menschen, so ist er als Sterblicher gesehen und darin von der ewigen Wahrheit abgeschnitten. Er gelangt aber zur Wahrheit der Existenz, d. h. zur Annahme seiner als existierend, indem er die Zeit nicht überschreitet, sondern in sie hineingeht in der Übernahme eines geschichtlichen Anspruchs. Er will als Kairos ergriffen werden und verweist nicht auf ein anderes, noch kann das Subjekt ihn begründen, vielmehr kommt er als Fremdes auf es zu. Es muß sich ansprechen lassen, um entsprechen, d. h. in Wahrheit existieren zu können.

„Entsprechen" ist aber nicht nur ein Grundzug des Kierkegaardschen Existenzbegriffes, sondern auch wesentlich für das Existenzverständnis der Folgezeit, was die Behandlung seiner allgemeinen Charaktere unter eben diesem Gesichtspunkt rechtfertigt.

Zur genaueren Kennzeichnung des Kierkegaardschen Existenzbegriffes sei auf den 2. Teil der Einführung verwiesen. Hier ging es nur darum, den Übergang vom traditionellen zum existenzphilosophischen Existenzbegriff zu verfolgen, um so die Voraussetzung für seine allgemeine Darstellung zu schaffen.

3. Die „Existenz"

a) Existenz als Faktum

Das traditionelle Verständnis von Existenz ließe sich in einem groben Schema durch folgende Begriffe charakterisieren: Existenz als (par-)ousia im Sinne des Anwesens eines Seienden (Aristoteles),[28] als actualitas in der Bedeutung: Wirklichkeit, Gewirktheit (Scholastik) und als die vorgängig alle Realität erst verbürgende Urkraft des Seins, die erste Potenz ist (Schelling).

Kennzeichnend für die Existenzphilosophie ist nun, daß sie die Schellingsche Auszeichnung der Existenz aufnimmt, diese jedoch auf das Seiende einschränkt, das der Mensch als einzelner „ist" in der Wirklichkeit seines Selbstseins (Kierkegaard).[29]

„Existierend" ist jetzt nur mehr das Seiende, das der Mensch ist, und „Existenz" bezeichnet nicht mehr dessen bloßes Wirklichsein oder registrierbares bzw. wahrnehmbares Vorhandensein, sondern das faktische Sein des Menschen im Sinne des: Daß ich bin und nicht nicht bin. Existenz ist deshalb nicht identisch mit dem Personsein und darf auch nicht lebensphilosophisch als der das Gefühl des Getragenseins vermittelnde Lebensgrund des Menschen verstanden werden: Mit „Existenz“ ist vielmehr das jenen Bestimmungen vorausliegende, unbedingte und irreduzible Faktum gemeint, daß ich bin.

Dieses Faktums wird sich der Mensch aber nicht im Gewißheit verbürgenden Zweifel, sondern nur in der Verzweiflung, dem Ekel, der Angst und Langeweile bewußt. In ihnen verlieren alle Wertungen, Weltinterpretationen und sichernden Rollen ebenso ihre bergende Kraft, wie jede Verankerung im Ganzen aufgehoben, die vertraute Umwelt dem Menschen und er sich selbst fremd wird. Dergestalt kann er sich auch nicht mehr von einem ihn umgreifenden Ganzen, einer ewigen Wahrheit oder von inhaltlichen Bestimmungen seiner selbst her verstehen, vielmehr erfährt er sich jetzt in seiner absoluten Vereinzelung und wird er auf seinen letzten Pol zurückgeworfen, auf das Faktum, daß er ist, und das heißt: auf sich als existierend.[30]

Als dieses pure Faktum liegt Existenz vor jeder Wesensbestimmung des Menschen, in deren Fragwürdigkeit sie ja gerade erfahren wird. Soll deshalb von Existenz begrifflich gesprochen werden, so kann dies wiederum nur im negierenden Ausgang von Wesensbestimmungen getan werden (Kierkegaard) oder in der Beschreibung eines je bestimmten Existenzvollzugs und der ihm entsprechenden Grundstimmungen und Grundsituationen (Camus) oder als an ihn appellierende Existenzerhellung (Jaspers). Als letzte Möglichkeit bietet sich eine Umbildung des traditionellen Begriffsrepertoires an, wie es Heidegger versucht. Auch er geht davon aus, daß die Bestimmung des existierenden Menschen nicht durch Angabe eines sachhaltigen Was vollzogen werden kann, sondern nur durch eine Erhellung seiner möglichen Weisen zu sein. Soll dies jedoch nicht dichterisch, sondern in einer sachgemäßen Begrifflichkeit geschehen, so muß auf die an den vorhandenen Dingen gewonnenen Schemata der überlieferten Ontologie verzichtet und im Rückgang auf deren Fundamente eine Neubesinnung geleistet werden.

b) Existenz als Vollzug

Wenn Existenz jenes Faktum meint, „daß ich bin“, so könnte diese Bestimmung das Mißverständnis eines substantiellen Bestandes oder dinglich Vorhandenen nahelegen. Doch hier zeigt sich erneut eine entscheidende Differenz zum traditionellen Existenzbegriff: Die Auszeichnung jenes Faktums liegt nämlich gerade darin, daß es nicht einfach ist, sondern zu sein hat. Damit ist gemeint, daß mir mein Sein nicht gegeben, sondern aufgegeben ist und ich deshalb bin, was ich werde bzw. nicht werde, so daß ich zu mir sagen kann: „Werde, was du bist!" Und das heißt: jenes Faktum, daß ich bin, *ist* als Verhältnis zu sich. Als solches ist es seine Möglichkeit, sich so oder anders zu sich zu verhalten, wobei es je schon in bestimmten Möglichkeiten ist, die es in jenem Verhältnis ergriffen oder hat vorbeigehen lassen.

Je nach Ansatz verschieden ausgeformt findet dieser Sachverhalt dann seinen Niederschlag in den einzelnen Definitionen von Existenz. So zum Beispiel, wenn sie von Kierkegaard als Verhältnis bestimmt wird, das sich zu sich selbst verhält, und von Heidegger als Seinsverhältnis, durch das der Mensch das Seiende ist, dem es in seinem Sein um dieses selbst geht.

In jedem Fall ist mit Existenz jenes Faktum gemeint, das je seine Möglichkeit ist. Als dieses Seinkönnen ist Existenz der beständig geschehende und zu leistende Vollzug dieses Verhältnisses, der vor aller theoretischen Reflexion liegt, da er erst deren Bedeutung für mich bestimmt. Existenz läßt sich deshalb nicht durch inhaltliche Wesensbestimmungen fixieren, sondern nur aus dem Wie ihres Vollzugs kennzeichnen und damit auch das Wassein des Menschen nur aus seinen möglichen Weisen zu sein. Unter der Bestimmung der Existenz „ist" der Mensch nicht zunächst, um dann noch bestimmte Möglichkeiten (z. B. Anlagen, Fähigkeiten usw.) zu „haben", sondern er ist als Möglichkeit, sie zu ergreifen oder zu versäumen, wodurch er seinen Charakter prägt.[31]

Zugleich nimmt der Mensch in diesen Vollzügen ein je bestimmtes Verhältnis zur Welt ein, was sich schon darin zeigt, daß er sich als existierend nur im Weltbezug z. B. der Angst bewußt wird, dieser für Existenz somit konstitutiv ist. Ihr Vollzug ist deshalb nicht ein nachträgliches In-Beziehung-Treten eines extramundanen Seienden zur Welt, sondern die meinen Möglichkeiten entsprechende oder sie verleugnende Bestimmung meines Weltbezugs, die Situation konstituiert.[32]

Diese ist ein jeweiliger, sich im Vollzug ereignender Modus je meines einmaligen „In-der-Welt-seins", dessen konkrete Gestalt für mich. Existenz vollzieht sich, im Gegensatz zu einer rein theoretischen Betrachtung, immer nur „in Situation", aus der sie nicht heraustreten kann, ohne in eine andere einzutreten.[33] Die Tatsache dieser Situationsgebundenheit von Existenz ist ein erster Ausdruck ihrer Endlichkeit. Absolut wird sie erst in den sogenannten „Grenzsituationen", wie Zufall, Schuld usw., akzentuiert, deren äußerste der Tod ist als jene Möglichkeit von Existenz, die ihre Unmöglichkeit und prinzipielle Grenze ist.

Existenz ist wesentlich endlich. Damit ist nun weder gemeint, daß Existenz nach Art der Gegenstände eine Grenze „hat“, noch daß Existenz zeitlich zu Ende kommt, sondern daß Existenz je ihre Grenze ist. Das heißt: Jenes Faktum, daß ich bin, sowie jedes mögliche Verhältnis zu mir und meinen Möglichkeiten ist schon je von der jeden Augenblick bestehenden, doch unbestimmten Möglichkeit meines Todes bedroht und überholt. Existieren ist deshalb ein ständiges, ausdrückliches oder unausdrückliches Sichverhalten zum Tod, oder terminologisch gefaßt: ich existiere endlich bzw. als Sterblicher. Zunächst und zumeist geschieht aber solches Sichverhalten unausdrücklich bzw. als Flucht vor sich selbst als sterblich. Dies ist dem Menschen möglich, weil sein Sein Möglichsein ist und er sich zum eigenen Sein als einer Möglichkeit seiner verhält: Existierend ist er je seine Möglichkeit, sich als sterblich anzunehmen oder davor zu fliehen und darin er selbst oder nicht er selbst zu sein.

Annahme oder Verweigerung seiner als sterblich sind demzufolge die beiden Grundmöglichkeiten von Existenz, deren Modi. Je nach Provenienz und Anspruch des einzelnen Denkers werden sie terminologisch gefaßt etwa als Selbstsein-Verzweiflung (Kierkegaard) oder Eigentlichkeit — Uneigentlichkeit (Heidegger). Immer ist dabei der eigentliche Existenzmodus mit der beständig neu zu leistenden Annahme meiner selbst als sterblich-endlich existierend identisch und immer wird darunter das entschlossene Ernstnehmen des Todes verstanden, das ihn als je meinen in seiner augenblickhaften Möglichkeit entdeckt.[34] Durch sie ist ebenso die Einmaligkeit von Situationen und Begegnungen sowie der Kairos geschichtlicher Ansprüche mitkonstituiert, vor deren Unwiderruflichkeit der einzelne mit seiner Sterblichkeit konfrontiert ist. Jedoch kann jene für ihn nur sein, wenn er diese angenommen hat.

Im Ernstnehmen der absoluten Unverfügbarkeit des Todes und der möglichen Vernichtung meiner Existenz durch ihn bin ich zugleich auf ein anderes verwiesen, das sich als schlechthin unbegründbarer Grund meiner Existenz eröffnen kann, vor dessen Anspruch sie eigentlich wird. Der begrifflichen Fixierung eines sich im Denken selbst begründen wollenden Subjekts entzogen, kann dieser Grund nur im Verzicht auf jenen Absolutheitsanspruch benannt werden, nämlich

1. als Gott, der meine Existenz gesetzt hat und mich geschichtlich in der Offenbarung als „Gott in der Zeit“ beansprucht, auf die antwortend ich ein Selbst (eigentlich) werde (Kierkegaard);
2. als Transzendenz, die sich in „Chiffern“ bekundet und durch die ich mich als (eigentliche) Existenz geschenkt weiß (Jaspers);

3. als allgemein menschlicher Grund, der mich in mythischen Bildern schicksalhaft in mein Wesen ruft (Camus);
4. als Sein, durch dessen Gunst ich bin und durch dessen geschichtlichen Anspruch ich eigentlich werde, ihm entsprechend (Heidegger).

Sartre fügt sich offensichtlich nicht in dieses Schema, da er „Eigentlichkeit" als Bewußtwerden der Freiheit versteht, in die der Mensch unbeliebig geworfen ist, worin seine Endlichkeit liegt. Die Freiheit selbst wird jedoch von Sartre als permanente Befreiung und Nichtung von Seiendem negativ absolut gesetzt, weshalb sie nicht mehr von einem anderen als sie selbst beanspruchbar ist, auch nicht vom Tod.

Demnach würde der Mensch endlich bleiben, auch wenn er unsterblich wäre, und könnte eigentlich sein, auch wenn er sich nicht als sterblich annähme.

Aufgabe des zweiten Teils wird es sein, die Konsequenzen dieses Verständnisses von Endlichkeit aufzuzeigen und durch Einzeldarstellungen das obige Schema zu konkretisieren.

Literatur zum Teil I

a) Einführungen in die Existenzphilosophie

Bollnow, O. F.: Existenzphilosophie. Stuttgart-Berlin-Köln-Mainz [6]1965. (Das Werk — im wesentlichen ein Vergleich zwischen Heidegger und Jaspers — betont die Einheit der Existenzphilosophie, die als Radikalisierung des lebensphilosophischen Ansatzes verstanden wird.)

Fabro, C.: Dall' essere all' esistente, Brescia 1957. (Das profunde Werk Fabros bietet eine systematische, an Kant und Hegel anknüpfende Einführung in die Existenzphilosophie und ist zudem als Beispiel der thomistischen Auseinandersetzung mit Heideggers These der Seinsvergessenheit bedeutungsvoll.)

Gabriel, L.: Existenzphilosophie. Von Kierkegaard bis Sartre. Wien 1951. (Gabriel versteht Existenzphilosophie als abschließende Zusammenfassung des aus dem cartesianischen Ansatz erwachsenen Idealismus.)

Knittermeyer, H.: Die Philosophie der Existenz von der Renaissance bis zur Gegenwart. Wien-Stuttgart 1952. (Eine an Heidegger orientierte Darstellung der Existenzphilosophie.)

Müller, M.: Existenzphilosophie im geistigen Leben der Gegenwart. Heidelberg [3]1964. (Das Werk ist M. Heidegger verpflichtet und versucht dessen Denkansatz von der Tradition abendländischer Metaphysik her zu kennzeichnen. Dabei werden aber zugleich der geschichtliche Ansatz und die Intention existenzphilosophischen Denkens überhaupt deutlich, wodurch sich das Buch auch als Einführung sehr empfiehlt.)

Müller-Schwefe, H. R.: Existenzphilosophie. Das Verständnis von Existenz in Philosophie und christlichem Glauben. Zürich 1961. (Eine Darstellung aus einer dezidiert christlich-protestantischen Sicht.)

Reding, M.: Die Existenzphilosophie. Heidegger, Sartre, Gabriel Marcel und Jaspers in kritisch-systematischer Sicht. Düsseldorf 1949. (Eine der ersten und ausführlichsten Darstellungen der Existenzphilosophie nach 1945. Reding untersucht vor allem das Verständnis der menschlichen Existenz in der Existenzphilosophie und deren allgemeingültigen Wahrheitswert.)

Wahl, J.: Esquisse pour une histoire de l'existentialisme. Paris 1949. (Versuch einer Rückführung der Philosophie Jaspers', Heideggers, Marcels, Camus' und Sartres auf Kierkegaards Existenzbegriff.)

b) Kritische und polemische Stellungnahmen zur Existenzphilosophie

Bochênski, I. M. I.: Europäische Philosophie der Gegenwart. Bern 1947.

Kuhn, H.: Begegnung mit dem Nichts. Tübingen 1950.

Lukács, G.: Die Zerstörung der Vernunft. Berlin 1954.

Mende, G.: Studien über die Existenzphilosophie. Berlin 1956.

2. Teil

DIE AUSLEGUNGEN VON „EXISTENZ"

1. Sören Kierkegaard (1813—1855)

Einleitung

Es ist ein Gemeinplatz der Philosophiegeschichten geworden, Kierkegaard als den „Vater der Existenzphilosophie" zu bezeichnen, und dies mit dem Hinweis zu begründen, daß doch Kierkegaard jene geschichtemachende Uminterpretation des traditionellen Existenzbegriffes zur Sorge des Menschen um sich und zum Austrag seiner Nichtidentität inauguriert habe.[1]

Eine solche Auffassung ist ebenso berechtigt — denn tatsächlich wurde der Existenzbegriff in dieser Form von den Späteren übernommen — wie sie Wesentliches verdeckt: Zum einen hat sich Kierkegaard nicht als Philosoph, sondern als „religiöser Schriftsteller" verstanden, und zum anderen wurde in der Folgezeit ein mehr formaler Existenzbegriff bestimmend, der gerade das nicht mehr enthielt, was für den Dänen Ausgangspunkt seiner Reflexion und Grundproblem seiner virtuos geübten Existenzdialektik war: die Einübung in das Christentum bzw. die Bedeutung der christlichen Offenbarung für das Verständnis des „Einzelnen" in Existenz. Er ist das immer wieder variierte Thema Kierkegaardschen Denkens, das die in der abendländischen Tradition auf verschiedenste Weise gestellte und beantwortete Frage nach dem, was der Mensch ist, wiederaufnimmt. Die Antwort darauf erbringt ein neues Verständnis von „Existenz", das Luther, Pascal und Hamann[2] verpflichtet ist und seine begriffliche Fassung der Auseinandersetzung Kierkegaards mit der Romantik[3] wie dem Idealismus Schellings und vor allem Hegels verdankt.[4]

Kierkegaard ging bekanntlich als dessen schärfster Kritiker und Opponent in die Geschichte ein, bleibt aber ebenso in negativer Weise von ihm abhängig, wie er in Eigenständigkeit über ihn hinausweist.

Gegen Hegel behauptet der Däne das Recht des Individuums, das seine Wahrheit gerade im Vollzug seiner Einzelexistenz erreicht, und betont deren Inkommensurabilität mit dem Allgemeinen, sei dieses nun als Staat, Menschheit oder als das systematische Ganze eines sich selbst begreifenden Wissens verstanden wie bei Hegel. Dessen Forderung an das Individuum konnte deshalb nur lauten: Werde allgemein und ordne dich in das notwendige Ganze ein, indem du dich als Vernunft, als Geist im Ganzen und als Ganzes seiend weißt!

Weil aber das Medium dieses Wissens das Allgemeine ist, fällt der konkret seiende Einzelne aus dem Systemganzen heraus, das ihn nicht begreifen kann, und Kierkegaard wird nicht müde, dies zu betonen: „Dies vom einzelnen Menschen — vor Gott, bekommt die Spekulation niemals in den Kopf; sie verallgemeinert nur den einzelnen Menschen phantastisch im Geschlecht.“ [5] Soll er deshalb zur Wahrheit über sich als dieser Einzelne kommen, so kann seine Aufgabe nicht darin liegen, objektiv zu werden und sich unter wissenschaftlichen Aussagen von allgemeiner Gültigkeit zu begreifen. Der Weg ist jetzt vielmehr, subjektiv und das heißt: in Wahrheit Subjekt zu werden und zu erkennen, daß Gemeinschaft eine niedrigere Bestimmung ist als „der Einzelne“, der er zu sein hat.[6]

Daß aber jeder dieser Einzelne und sich so als existierend bewußt werde, ist das innerste Anliegen des schriftstellerischen Werkes Kierkegaards, durch das die naive Geistsicherheit des Idealismus und die genialische Geistigkeit der Romantik in ihrem Grunde ebenso fragwürdig wurden wie der Einzelne in seiner unmittelbaren Verständigkeit.

Diese zu zerbrechen und jenen zu seinem Selbst zu „verführen“, damit er Einzelner werde, ist die maieutische Absicht Kierkegaards. Es kann ihm deshalb nicht an der Entwicklung eines Systems gelegen sein, das die Wirklichkeit abstrakt aus einem Prinzip deduziert und damit wesentlich doziert, sondern sein Anliegen ist die Existenzmitteilung, die Wirkung auf den Einzelnen, die durch Satire oder Ironie, durch dichterische Darstellung oder rhetorische Finesse erzielt werden soll. Aus diesem Grunde spricht Kierkegaard nie direkt vom Einzelnen oder zu ihm, sondern nur indirekt in Pseudonymen und im Sinne einer „Doppelreflexion“, durch die der Mitteilende dem Anderen die Möglichkeit gibt, die Mitteilung in der Aneignung zu reduplizieren.[7] Dieser Vorgang der Verdopplung ist aber zugleich eine wesentliche Bedingung für das Verständnis Kierkegaardschen Denkens, das sich dem Leser letztlich nicht durch „Lesen“, sondern nur durch ein aneignendes, auf „Können“ und nicht auf Wissen bezogenes Verstehen erschließt, das Erbauung ist.

Damit ist gesagt, daß Kierkegaard sein gesamtes Werk zur Erbauung geschrieben hat und nicht für eine dozierende Neugierde, denn „christlich genommen soll nämlich alles, alles zur Erbauung dienen.

Die Art von Wissenschaftlichkeit, die nicht zuletzt doch auch erbaulich ist, ist gerade deshalb unchristlich." [8] Und dieses Erbauliche ist dann, wenn im Einzelnen die Sorge um sein Selbst erwacht, in der er sich als existierend bewußt wird.

Gerade wegen ihres abstrakten Charakters wird auch die folgende Darlegung dozierend sein und damit an jener erbaulichen Grundintention vorbeigehen und den Gedanken Kierkegaards entstellen, denn „es soll nicht doziert werden; was ich zu sagen habe, darf nicht doziert werden, es wird durch das Doziert-Werden etwas ganz anderes".[9]

Was nun die Gliederung der Darstellung betrifft, so soll zunächst Kierkegaards Begriff der Existenz als paradoxes Da-sein (I) erörtert werden, dessen Wahrheit der Glaube (II) und mögliche Aufhebung der Tod ist und dessen Bewegung die Existenzmodi als Stadien der Freiheit (III) darstellen.

I. Die Existenz als paradoxes Da-sein

a) Existenz als ontologische Differenz

Kierkegaard bestimmt Existenz zunächst durch die ontologische Differenz von Faktizität und Idealität, von Sein und Denken und versucht damit der Tatsache gerecht zu werden, daß die „einzige Wirklichkeit, um die ein Existierender nicht bloß weiß, ... seine eigene Wirklichkeit (ist), daß er da ist; und diese Wirklichkeit ist sein absolutes Interesse".[10]

Existieren heißt somit: In der Idealität als dem Erschlossensein der Faktizität, in der Phantasie und im Denken unendlich, zugleich aber in der faktischen Bestimmtheit endlich sein. Sie wird von Kierkegaard als das konkrete Selbst des Menschen, als seine Notwendigkeit und unverfügbare Grenze bezeichnet, in die er durch sein faktisches, unvertretbares Dasein und die Konkretion seiner Verhältnisse verwiesen ist. Ihr Gegenbegriff ist das ideale Selbst, worunter ein abstrakt gedachtes Selbst gemeint ist oder ein durch die Phantasie entworfenes. Sie ist, grundlegender noch als das Denken, die Wiedergabe der Möglichkeiten des konkreten Selbst und darin das Medium des Unendlichmachens oder die unendlichmachende Reflexion, die Weite und Enge des Gefühls und Willens, der Erkenntnis und Leidenschaft bestimmt. Die ontologische Differenz ist deshalb genauer als Differenz des faktischen Seins und der Weisen seiner Erschlossenheit in Phantasie und

Denken zu bestimmen, wobei jedoch die Differenz selbst faktischen Charakter trägt, so daß Faktizität nicht mit Vorhandenheit identifiziert werden darf.

Für Kierkegaard ist nun in diesem Zueinander von Faktizität und Idealität, von Endlichkeit und Unendlichkeit die Existenz des Menschen begründet, die deshalb „kein Sein wie das einer Kartoffel, aber auch nicht wie das einer Idee (ist). Die menschliche Existenz hat Idee in sich, ist jedoch keine Idee-Existenz.“ [11]

Das faktische Sein des Einzelnen ist vielmehr die Bewegung eines Zwischen-Sein, nämlich ein „inter-esse zwischen der hypothetischen Einheit der Abstraktion von Denken und Sein“.[12]

Im Denken wird mein Sein mögliches Sein, das zu meiner Wirklichkeit, dem „inter-esse“, im Verhältnis möglicher Realisation steht, in deren Aktualisierung Denken und Sein aufeinander bezogen werden, eine Aufgabe, die das leidenschaftliche Interesse des existierenden Denkers ausmacht. Inhalt dieser Aufgabe ist also ein auf die Konkretion bezogenes und an ihr interessiertes Denken, das sich nicht in der Gleichgültigkeit und Interesselosigkeit des Abstrakten verliert und darin vom Denkenden absieht, sondern als Denken am Denkenden interessiert ist.

Diese Differenz als „inter-esse“, zu der sich der Einzelne schon immer gleichgültig oder interessiert verhält, wird nun von Kierkegaard terminologisch als „Existenz“ gefaßt und zunächst im Sinne der Gräzität bestimmt: „Was aber ist Existenz? Das ist jenes Kind, das vom Unendlichen und Endlichen, vom Ewigen und Zeitlichen erzeugt und daher beständig strebend ist.“ [13]

Existieren ist also jene Doppelbewegung, die sich zugleich auf Unendlichkeit und Endlichkeit richtet und beide zu vereinen sucht in einer in sich widersprüchlichen Einheit. Existieren ist deshalb paradox akzentuiert und sein Ausdruck zugleich pathetisch und komisch, denn „die Auffassung des Mißverhältnisses, wenn es zur Idee hin gesehen wird, ist Pathos, die Auffassung des Mißverhältnisses, wenn es mit der Idee im Rücken gesehen wird, ist Komik“.[14] Wird nun das Denken ausdrücklich auf die Wirklichkeit der Existenz bezogen im Sinne einer Übernahme seiner selbst als paradox existierend, so ist das gleichbedeutend mit einer Suspension des Denkens. Dies deshalb, weil Denken, in der Interpretation Kierkegaards, die beständige Auflösung der Wirklichkeit in Möglichkeit ist. Nun läßt sich aber die eigene Wirklichkeit nicht gänzlich in Möglichkeit auflösen, sie bleibt faktische, nicht durch Reflexion übergreifbare oder durch sie begründbare Wirklichkeit, was nichts anderes heißt, als daß der Denkende mit dem auflösenden posse (eine gedachte Wirklichkeit ist eine Möglichkeit) auf ein esse stößt, das er nicht auflösen kann, weshalb er es nicht zu denken vermag. „Er suspendiert also das Denken. Soll oder richtiger will er sich dessen ungeachtet zu dieser Wirklichkeit als Wirklichkeit verhalten, dann verhält er sich nicht denkend zu ihr, sondern paradox ...“ [15] Dieses Verhältnis wird von Kierkegaard als *Leidenschaft der Innerlichkeit* bezeichnet, die vom Denken aus gesehen ein objektiv Ungewisses zum Gegenstand hat. Denken verhält sich somit negativ zum Existieren, was nicht heißt, daß im Existieren kein Gedankeninhalt da wäre, sondern nur, daß Denken und im Gedachten zu existieren verschieden sind, daß Denken die Existenz nicht zu begreifen vermag und ihr gegenüber in suspenso liegt.

Diese Innerlichkeit als Übernahme des „inter-esse“ im leidenschaftlichen, das Denken suspendierenden Interesse am paradoxen Existieren ist jedoch dem Einzelnen nicht schon kraft seines Menschseins gegeben, sondern ihm aufgegeben: zu seiner Faktizität gehört, daß er sein faktisches Sein zu sein hat. Hier stellt sich aber zugleich die Frage nach dem Zugang zu diesem Sein und nach der Möglichkeit eines verbindlichen Sprechens über es in einer „Existenz-Wissenschaft“, die Kierkegaard von den „logischen“ Wissenschaften wie Ontologie und Mathematik abgrenzt.[16] Ihnen ist zwar absolute Gewißheit eigen, jedoch um den Preis des hypothetischen Charakters ihrer Aussagen und der Abstraktion vom Einzelnen und dessen wirklichem Sein. Eine Existenzwissenschaft soll aber gerade zu dieser Wirklichkeit einen Zugang vermitteln, der deshalb nicht mehr durch eine im Schlußverfahren hervorgebrachte Erkenntnis vom „Was“ einer Sache eröffnet werden kann, sondern nur mehr durch einen Entschluß als Anerkenntnis und Überzeugung, *daß* etwas ist. Dieses Faktum ist aber der Einzelne in seiner Konkretion. Es ist dadurch ausgezeichnet, daß er es zu sein hat, wobei der Vollzug des Aufgegebenseins das jeweilige Selbstverständnis bestimmt, das auszulegen Aufgabe der Existenzwissenschaft ist. Ihre *Methode* kann deshalb nur eine Hermeneutik sein, die einen Entschluß als vorgängige Annahme dessen voraussetzt, was es auszulegen gilt.[17] Damit ergibt sich aber als wesentliches Problem einer Existenzwissenschaft die Frage, wie diese entschlossene Überzeugung geweckt werden kann. Die Antwort darauf versucht Kierkegaard im Rückgriff auf Aristoteles zu gewinnen, der die Frage nach dem Sein als Wirklichsein in der Rhetorik behandelt als dem, was Überzeugung hervorbringen soll.[18]

Rhetorische Mittel, dichterischer Ausdruck u. a. sind deshalb für Kierkegaard und für die folgenden nicht ein zufälliges Beiwerk eines

Sprechens von Existenz, vielmehr gehört die Reflexion der Mitteilungsform ebenso notwendig zu einer Existenzwissenschaft in existentieller Absicht wie die polemische Aporetik einer von der Wirklichkeit des Einzelnen absehenden Ontologie.

b) Existenz als Aufgabe

Existierend sein, sich aber noch nicht als existierend übernommen haben, bezeichnet Kierkegaard als „Existieren im landläufigen Sinne“, während „wesentliches Existieren“ die Wahl meiner selbst als existierend ist, wodurch Existenz ausdrücklich wird als bewußter Austrag und beständig neu zu leistende Synthese ihrer Differenz.[19]

Diese wird von Kierkegaard sechsfach ausgelegt, und dementsprechend gibt es für ihn sechs Aspekte des Wesens von Existenz, nämlich:

1. *Konkretheit*	als Synthese von Unendlichkeit und Endlichkeit,
2. *Geist*	als Synthese von Seele und Leib,
3. *Freiheit*	(Wirklichkeit) als Synthese von Möglichkeit und Notwendigkeit,
4. *Augenblick*	(Entscheidung) als Synthese von Ewigkeit und Zeitlichkeit,
5. *Bewußtsein*	als Synthese von Idealität und Realität,
6. *Selbst*	als Austrag von Allgemeinheit und Einzelheit.

Es sind dies Bestimmungen der Wirklichkeit von Existenz, die besagen: als Geist, als Freiheit usw. existieren, und die einen identischen Sinn besitzen, wie sofort aus der berühmt gewordenen Definition des Geistes ersichtlich wird.

> Der Mensch ist Geist. Aber was ist Geist? Geist ist das Selbst. Aber was ist das Selbst? Das Selbst ist ein Verhältnis, das sich zu sich selbst verhält, oder ist das im Verhältnis, daß das Verhältnis sich zu sich selbst verhält; das Selbst ist nicht das Verhältnis, sondern daß das Verhältnis sich zu sich selbst verhält. Der Mensch ist eine Synthese von Unendlichkeit und Endlichkeit, von Zeitlichem und Ewigem, von Freiheit und Notwendigkeit, kurz eine Synthese. Eine Synthese ist ein Verhältnis zwischen Zweien. So betrachtet, ist der Mensch noch kein Selbst. Im Verhältnis zwischen Zweien ist das Verhältnis das Dritte als negative Einheit, und die Zwei verhalten sich zum Verhältnis und im Verhältnis zum Verhältnis; dergestalt ist unter der Bestimmung Seele das Verhältnis zwischen Seele und Leib ein Verhältnis. Verhält sich hingegen das Verhältnis zu sich selbst, so ist dieses Verhältnis das positive Dritte, und dies ist das Selbst.[20]

Das heißt, das Selbst ist als Wahl des Verhältnisses, durch die das Verhältnis sich selbst bestimmt und damit zu sich selbst verhält. Geistwerden und Selbstwerden ist also Sich-selbst-wählen in Existenz, d. h. der Einzelne wird Geist als Wahl seiner selbst wie umgekehrt dieses Selbst gerade in der Wahl wird, weshalb auch das Bewußtsein des Selbst nicht eine theoretische Kontemplation seiner selbst, sondern identisch ist mit der Dialektik der Selbstwahl: [21]

Die Wahl vollzieht hier gleichzeitig die beiden dialektischen Bewegungen: was gewählt wird, ist nicht da und entsteht durch die Wahl; was gewählt wird, ist da, sonst wäre es keine Wahl.[22]

Geist, Selbst und Freiheit besagen dabei dasselbe. Sie sind Aspekte der Wahl meiner selbst und nur in ihr, sie sind weder vorher noch nachher, insofern die Differenz des Menschen zu sich jeden Augenblick zu bestehen und damit die Wahl nie vorbei, sondern beständig aufgegeben ist.

c) Wesentliche Existenz als Da-sein

Die Wahl meiner selbst ist wesentliches Existieren und bei Kierkegaard immer unbeliebige Bindung an mein Wesen, als einer individuellen, in Gott gründenden Gestalt der Differenz meiner Existenz, worauf später einzugehen sein wird.

Wesen ist hier nicht essentia bzw. quidditas als das überindividuell Allgemeine und Bleibende, sondern das, worin der Einzelne wesentlich und sich als Selbst gegenwärtig wird. Wesen ist Selbstgegenwart, Bei-sich-anwesend-sein und als solches „Da-sein",[23] weshalb „das eigentlich Entscheidende ist: ganz sich selbst gegenwärtig werden in der Selbstbekümmerung" [24] und die Wahl meiner selbst den Übergang vom Nicht-sein zum Da-sein darstellt. Sich selbst gegenwärtig heißt aber auch: mit sich selbst gleichzeitig sein und „gleichzeitig mit sich selbst zu sein (also nicht mit der Ankunft der Furcht oder der Erwartung oder in der Vergangenheit), ist Durchsichtigkeit in Ruhe, und das ist nur möglich durch das Gottesverhältnis oder das ist das Gottesverhältnis".[25]

Zunächst und zumeist ist aber der Einzelne nicht gleichzeitig mit sich, sondern in der Vergangenheit oder Zukunft abwesend von sich, das heißt, er ist verzweifelt.

d) Die Verzweiflung als das verfehlte Wesen

Verzweiflung wird von Kierkegaard als die „Krankheit zum Tode" bestimmt, als das beständige Sterben des Selbst des Einzelnen in der Flucht vor ihm, im Nicht-Selbst-sein-Wollen.

Dieser Begriff der Krankheit zum Tode muß doch auf eine eigene Art verstanden werden. Er bedeutet geradezu eine Krankheit, deren Ende, deren Ausgang der Tod ist. So spricht man von einer tödlichen Krankheit gleichbedeutend mit einer Krankheit zum Tode. In diesem Sinne kann die Verzweiflung nicht als Krankheit zum Tode bezeichnet werden. Aber christlich verstanden ist der Tod selbst ein Durchgang zum Leben. Insofern ist, christlich, keine irdische, leibliche Krankheit zum Tode. Denn gewiß ist der Tod das Ende der Krankheit, aber der Tod ist nicht das letzte. Soll im strengsten Sinne von einer Krankheit zum Tode die Rede sein, muß es eine sein, bei der das Ende der Tod ist, deren Tod das letzte ist. Und das ist gerade die Verzweiflung.

Doch in einem anderen Sinne ist Verzweiflung noch bestimmter die Krankheit zum Tode. Es ist nämlich weit entfernt davon, daß man, direkt verstanden, an dieser Krankheit stirbt oder daß diese Krankheit mit dem leiblichen Tod endet. Im Gegenteil, die Qual der Verzweiflung ist eben, nicht sterben zu können. Sie hat somit mehr mit dem Zustand des Todkranken zu tun, wenn er daliegt und mit dem Tode ringt und nicht sterben kann. So heißt also krank *zum* Tode sein nicht sterben können, doch nicht so, als wäre noch Hoffnung auf Leben, nein, die Hoffnungslosigkeit ist, daß selbst die letzte Hoffnung, der Tod, nicht besteht. Wenn der Tod die größte Gefahr ist, hofft man auf das Leben; wenn man aber die noch schrecklichere Gefahr kennenlernt, hofft man auf den Tod. Wenn also die Gefahr so groß ist, daß der Tod die Hoffnung geworden ist, dann ist die Verzweiflung die Hoffnungslosigkeit, nicht einmal sterben zu können.

In dieser letzten Bedeutung ist nun die Verzweiflung die Krankheit zum Tode, dieser qualvolle Widerspruch, diese Krankheit im Selbst, ewig zu sterben, zu sterben und doch nicht zu sterben, den Tod zu sterben. Denn sterben bedeutet, daß es vorbei ist, aber den Tod sterben bedeutet, daß man das Sterben durchlebt; und läßt es sich einen einzigen Augenblick erleben, so ist es damit so, daß es für ewig erlebt wird. Sollte ein Mensch aus Verzweiflung sterben, wie man an einer Krankheit stirbt, so müßte das Ewige in ihm, das Selbst, im gleichen Sinne sterben können, wie der Leib an der Krankheit stirbt. Das ist aber eine Unmöglichkeit; das Sterben der Verzweiflung setzt sich beständig in ein Leben um.

. . . Ein Verzweifelnder verzweifelt über *etwas*. So sieht es einen Augenblick aus, aber es ist nur ein Augenblick; im selben Augenblick zeigt sich die wahre Verzweiflung oder die Verzweiflung in ihrer Wahrheit. Indem er über *etwas* verzweifelt, verzweifelt er eigentlich über *sich selbst* und will nun von sich selbst los. Wenn so der

Herrschsüchtige, dessen Losung ‚entweder Cäsar oder gar nichts' lautet, nicht Cäsar wird, so verzweifelt er darüber. Aber das bedeutet etwas anderes: daß er, gerade weil er nicht Cäsar wurde, nun nicht aushalten kann, er selbst zu sein. Er verzweifelte also eigentlich nicht darüber, daß er nicht Cäsar wurde, sondern über sich selbst, daß er nicht Cäsar wurde. Dieses Selbst, das, wenn er Cäsar geworden wäre, seine ganze Lust gewesen wäre, in einem anderen Sinne übrigens gleichwohl verzweifelt, dieses Selbst ist ihm nun das Unerträglichste von allem. Es ist im tieferen Sinne nicht das, was ihm das Unerträglichste ist, daß er nicht Cäsar wurde, sondern dieses Selbst, das nicht Cäsar wurde, ist ihm das Unerträglichste, oder noch richtiger, dies ist ihm das Unerträglichste, ja, daß er von sich selbst nicht loskommen kann.[26]

Verzweiflung betrifft die Weise des Existierens und darf deshalb ebensowenig psychologisch interpretiert und mit transitorischer Verstimmtheit oder Zerrissenheit verwechselt werden, wie sie mit dem Zweifel als einer Reflexionsbestimmung identisch ist. Verzweiflung ist als Flucht vor sich vielmehr ein Ausdruck für die ganze Persönlichkeit, ein Mißverhältnis im Verhältnis zu sich selbst und insofern ein Verlust. Zugleich aber ein Gewinn, da durch sie der Einzelne auf sein Selbst als richtiges Verhältnis aufmerksam wird, das „niemals außer durch Verzweiflung gewonnen wird".[27] In ihr ist nämlich der Einzelne beständig an seine Grenze, sein wahres Selbst und Wesen dadurch verwiesen, daß er verzweifelt von ihm loskommen möchte, ohne es zu können, wodurch er die Faktizität seiner Freiheit erfährt im ohnmächtigen Versuch der Selbstbegründung. Dagegen ist der Verzicht auf sie identisch mit dem Selbstwerden als Anerkennung gerade jener Grenze, die für Kierkegaard von Gott gesetzt ist, in dem damit auch die Richtigkeit des Verhältnisses gründet. Denn „wie Gott, sinnlich verstanden, einen Menschen eingeschränkt hat, so hat er ihm auch, geistig verstanden, eine Grenze gesetzt, wenn nicht anders, dann dadurch, daß er geschaffen ist, und der Mensch sich nicht selbst geschaffen hat".[28]

Gerade dieses Selbst will aber der Verzweifelte nicht anerkennen; das Selbst nämlich, das er sein will, ist ein Selbst, das er nicht ist, und das heißt: Verzweiflung ist der verzweifelte Versuch der Selbstbegründung.

Wie aber kann der Einzelne positiv wissen, wer er zu sein und welches Verhältnis er zu verwirklichen hat? Gibt es eine Instanz, auf die berufend dem Einzelnen Selbstgewißheit zuteil wird? Kierkegaard nennt dieses den Einzelnen in sein Wesen Rufende das Gewissen.

e) Das Gewissen als Ruf in das Wesen

Die Grenze als das konkrete Selbst soll übernommen werden, wobei sich jedoch die Frage stellt, als was es gewählt werden soll. Gaben, Anlagen, Fähigkeiten und Eigenschaften können dabei kein Kriterium bilden, denn sie sind allgemeine Bestimmungen und kommen in vergleichbarer Weise auch anderen Individuen zu, so daß der Einzelne erst bestimmen bzw. wählen muß, was sie für ihn selbst sind. Das aber würde gerade jenes Selbst voraussetzen, um das es hier geht. Kierkegaards Lösung dieses Dilemmas ist, daß sich der Einzelne durch Gott das Woraufhin der Wahl sagen läßt.

Der „Ort“ dieses Sagens ist das Gewissen, in dessen Möglichkeit die individuelle Bestimmtheit begründet ist, denn es ist „das Gewissen, welches die Persönlichkeit gründet; Persönlichkeit ist eine individuelle Bestimmtheit, festgelegt dadurch, daß sie von Gott gewußt wird in der Möglichkeit des Gewissens. Denn das Gewissen kann schlummern, aber seine Möglichkeit ist das Gründende. Sonst wäre die Bestimmtheit ein vorübergehender Zustand. Nicht einmal das Bewußtsein der Bestimmtheit, das Selbstbewußtsein, ist das Gründende, insofern dies nur das Verhältnis ist, worin die Bestimmtheit sich zu sich selbst verhält, wohingegen Gottes Mitwissen die Fixierung, die Befestigung ist.“ [29]

In der Möglichkeit des Gewissens ist also die individuelle Bestimmtheit festgelegt, und jene gründet darauf, daß Gott schon immer das Individuum weiß, weshalb die Forderung des Gewissens an den Einzelnen ewig ist.[30] Im Wissen Gottes vom Individuum besteht für dieses also die Möglichkeit, diesem Wissen zu entsprechen in der Möglichkeit des Gewissens und so dem Sprechen Gottes zu antworten in der Verantwortung, in der der Einzelne sich selbst als existierend übernimmt. Dieser Möglichkeit des Gewissens entspricht das konkrete Selbst, das richtige Verhältnis, das im Gewissen-haben-können bzw. im Wissen Gottes vom Einzelnen als Einzelnem verankert ist. Das Verhältnis von Wissen Gottes und Gewissen begreift Kierkegaard nach dem Modell: Bild — Abbild, und das heißt: die absolute Einmaligkeit des Einzelnen liegt in seiner Abbildhaftigkeit, denn „jeder Mensch ist nach Gottes Bilde geschaffen, dies ist das Absolute, das bißchen, was er von Hinz und Kunz lernen soll, ist nicht hoch zu veranschlagen“.[31] Die Realisation des Gewissen-haben-könnens in der Wahl seines konkreten Selbst ist deshalb identisch mit der Durchsichtigkeit seiner selbst als Gottes Abbild.

In der Übernahme der Möglichkeit des Gewissens als Bild Gottes erfährt der Einzelne seinen Ursprung und wird sich als Selbst gegenwärtig, jedoch zugleich Gott dem Einzelnen, weshalb das Da-sein des Einzelnen im Da-sein Gottes beim Einzelnen gründet.[32] Die Rede vom Gewissen, das den Menschen in seinen Ursprung ruft, darf nun aber nicht in dem Sinne mißverstanden werden, als würde auf der einen Seite das Gewissen, auf der anderen die seinen Ruf wählende Wahl stehen. Vielmehr ist das Gewissen nur durch die Wahl und umgekehrt: Der Einzelne *hat* das Gewissen nicht, sondern muß es erst erwerben, denn es „gibt keine Fertigkeit (weder eine leibliche, z. B. Tanzen, Singen usw., noch eine geistige, z. B. Denken und desgleichen), die eine so langwierige und anstrengende Schule fordert, ehe ein Mensch eigentlich sagen kann, er habe Gewissen. Wie das Gold sich in reinem Zustand mit allerhand unedlen und ungleichartigen Bestandteilen gemischt findet, so steht es mit dem Gewissen im unmittelbaren Zustand, es hat Elemente in sich, die gerade das Gegenteil von Gewissen sind.“ [33]

Dieses muß also kritisch erworben werden im Gewissen-haben-wollen, und erst als gewähltes, mittelbares Gewissen ruft es den Einzelnen in sein Wesen, in dem er seine Selbstgewißheit findet.

f) Der Sprung als Wesentlichwerden

Der vorhergehende Abschnitt zeigte ein dialektisches Verhältnis zwischen Wahl und dem Gewissen auf, dergestalt, daß der Anspruch des Gewissens nur ist in der Wahl als gewähltes Gewissen und die Wahl nur ist als das jenem absolutem Anspruch Entsprechen: „ich wähle das Absolute, das mich wählt, ich setze das Absolute, das mich setzt; denn erinnere ich mich nicht daran, daß dieser zweite Ausdruck ebenso absolut ist, so ist meine Kategorie des Wählens unwahr; denn sie ist eben die Identität beider.“ [34] Beide Momente sind weder voneinander noch aus einem vorhergehenden Zustand als dessen kontinuierlicher Entfaltung ableitbar. Sie sind als *Anfang* wesentlichen Existierens nicht auf anderes als sie selbst reduzierbar. Um aber dieses Unvermittelte, Nichtkontinuierliche jenes Übergangs vom Nicht-sein zum Da-sein pointiert zu charakterisieren, wählt Kierkegaard die Bezeichnung *„Sprung“*.[35] Das heißt: Selbstwahl und Entscheidung werden als Sprung gedacht, durch den die neue Qualität wesentlicher Existenz als Gewissen-haben, als Geist, Selbst und Freiheit gesetzt wird. Der Sprung setzt also „zugleich die Qualität, indem aber die Qualität gesetzt ist, ist der Sprung im gleichen Augenblick in die Qualität hineingenommen und von der Qualität vorausgesetzt, und die Qualität vom Sprunge“.[36] Kierkegaard bezeichnet ihn deshalb als

„Kreisbewegung“, zur Abgrenzung von der linearen Bewegung, die ein Nacheinander gegeneinander gleichgültiger „Jetzt-Punkte“ darstellt und einen distinkten terminus ad quem als ihr vorgegebenes und von ihr z. T. unabhängiges Ziel voraussetzt. Gerade darin unterscheidet sich aber der Sprung von ihr, insofern

1. sein Ziel (Freiheit, Selbst usw.) nur in seiner Bewegung ist, weshalb der Sprung „Ur-sprung“ der Freiheit ist, und
2. seine Zeit der unwiederbringliche *Augenblick* der Entscheidung ist.

Indem der Einzelne dem Ruf des Gewissens, seiner ewigen Forderung, im Sprung folgt und damit sein zeitliches Dasein unter die ewige Verantwortung nimmt, bringt er die Synthese von Zeitlichem und Ewigem zustande, berühren sich Zeit und Ewigkeit paradox in der Zeit; und dies ist „der Augenblick“. Er darf deshalb nicht als abstraktes „Jetzt“ und verschwindendes Momentum zwischen der beliebig einander annäherbaren Vergangenheit und Zukunft mißverstanden werden, „denn das rein abstrakt gedachte Zwischenmoment zwischen dem Vergangenen und dem Zukünftigen ist überhaupt nicht. So aber tritt hervor, daß der Augenblick nicht eine bloße Bestimmung der Zeit ist; da die Bestimmung der Zeit nur die ist, vorbeizugehen, weshalb die Zeit, wenn sie durch irgendeine der in ihr sich offenbarenden Bestimmungen bestimmt werden soll, die vergangene Zeit ist. Sollen dagegen die Zeit und die Ewigkeit einander berühren, so muß es in der Zeit sein, und nun sind wir beim Augenblick.“ [37] Augenblick, das ist also nicht eine gleich-gültige Jetztzeit, sondern er ist immer dann, wenn der Einzelne sich in Existenz wählt. Im Augenblick wird der Einzelne gleichzeitig mit sich, und erst diese Selbstgegenwart in der Entscheidung scheidet Vergangenheit und Zukunft, konstituiert „Zeitlichkeit“ und läßt Geschichte beginnen.[38] Das heißt: Geschichte und Zeitlichkeit sind, wenn der Einzelne dem Anspruch Gottes im Gewissen entspricht bzw. sich ihm versagt.

g) Die Sündenvergebung als das im Glauben geschenkte Wesen

Bisher wurde aus Gründen der Darstellung vorausgesetzt, daß die Wahl seiner selbst als existierend in der Macht des Einzelnen stünde. In Wahrheit ist er aber ohnmächtig, weil von seinem Wesen durch eine ihm prinzipiell verborgene, unaufhebbare und durch die Wahl nicht einholbare Diskrepanz getrennt, die von Kierkegaard als „Sünde“ bezeichnet wird.

Für das Verständnis dieses für ihn grundlegenden Axioms ist es nun entscheidend, Sünde nicht als eine durch das Generationsverhältnis bedingte „Erbsünde" zu verstehen, sondern als Tat des Einzelnen in Angst, so daß es einmal eine Zeit gab, „da der Mensch für denselben Preis die Freiheit und die Unfreiheit kaufen konnte, und dieser Preis war die freie Wahl der Seele[39] und die Hingabe der Wahl".[40] Menschsein heißt somit: die Möglichkeit sein, ein Selbst zu sein, heißt aber auch: diese Möglichkeit schon je verfehlt haben, und Sünde ist als dieses einmalige, unwiederbringliche Sich-selbst-Verfehlen, als Setzen des Verhältnisses als Mißverhältnis, als „ewiger Abfall vom Ewigen", dem Bilde Gottes.[41]

Daß aber dieses einmal gesetzte Mißverhältnis unwiderruflich und Sünde ist, liegt darin begründet, daß es vor Gott ist, ihn „beschäftigt".[42] Sünde ist deshalb auch nicht als ens negativum oder ens privativum zu bestimmen, sondern sie ist selbst eine „Position", denn „daß sie vor Gott ist, bedeutet gerade das Positive an ihr".[43]

Um diesen Status kann aber der Einzelne prinzipiell nicht wissen. Vielmehr muß ihm von Gott geoffenbart werden, daß er Sünder ist und daß Gott die Sünde vergeben kann im Glauben an die Offenbarung und Sündenvergebung. Denn „im Glauben nehmen wir etwas an, was nicht gegeben ist und sich niemals aus dem vorhergehenden Bewußtsein herausdemonstrieren läßt, dies war nämlich das Sündenbewußtsein, und das andere ist die Gewißheit der Sündenvergebung; aber diese Gewißheit erscheint nicht auf gleiche Weise, wie das Wissen aus dem Zweifel hervorgeht, mit einer inneren Folgerichtigkeit; ... es (das Sündenbewußtsein) ist vielmehr ein freier Akt".[44]

II. Der Glaube als Wahrheit der Existenz

Kierkegaard verwendet „Glaube" zunächst in einer allgemeinen Bedeutung als „Sinn für Werden" und damit auch als Sinn für historisch Gewordenes.[45] Denn Werden besitzt den Charakter der Unsicherheit und Ungewißheit, insofern es sich als Verwirklichung von Möglichkeiten nicht mit Notwendigkeit vollzieht. Soll nun eine Aussage über das „Was" des Gewordenen und über dessen zufälliges Gewordensein getroffen werden, so kann dies nicht vermöge eines Schlusses geschehen, der einen notwendigen Zusammenhang voraussetzt, sondern nur durch einen „Beschluß", den Kierkegaard „Glauben" nennt.

Aus dieser allgemeinen Bestimmung des Glaubens entwickelt nun Kierkegaard das Wesen des christlichen Glaubens, der zunächst auch an ein (historisch) Gewordenes anknüpft, nämlich an das Faktum, daß

Gott in die Zeit eintrat und somit als dieser Mensch Jesus geschichtlich wurde. Dieses Faktum des Menschseins wird nun aber für Kierkegaard dadurch paradox akzentuiert, daß dieser Mensch Gott war, daß der Gott geworden (für den Gleichzeitigen) und dadurch gegenwärtig gewesen ist (für den Späteren). Durch diese Bestimmung ist aber das zunächst einfache geschichtliche Faktum des Menschseins paradox qualifiziert, denn „der Satz: Gott ist in menschlicher Gestalt dagewesen, geboren worden, aufgewachsen und so weiter, ist wohl das Paradox sensu strictissimo, das absolute Paradox“.[46]

Dieses geschichtliche Paradox ist nun nicht mehr Gegenstand eines allgemeinen, sondern des Glaubens „sensu eminentiori“, der vom Verstand aus gesehen jene paradoxe Leidenschaft ist, das Absurde denken zu wollen, ohne es zu können, und in der Anerkenntnis dieses prinzipiellen Unvermögens den eigenen Untergang im Glauben zu beschließen. Der Glaube ist die Suspension des Denkens angesichts des Undenkbaren und deshalb kein „gefundenes Fressen für Dummeriane“; wider den Verstand glauben heißt nicht: Nonsens glauben, „denn der Verstand wird eben durchschauen, daß es Nonsens ist und ihn daran hindern, es zu glauben“.[47]

Der Glaube ist das Ergreifen des Paradoxes durch die Möglichkeit des Ärgernisses hindurch und er ist die Leidenschaft der Innerlichkeit, die die historische Ungewißheit und die Abstoßung des Absurden überwindet. Entscheidend ist das Faktum der Offenbarung als Gott in Zeit, als Paradox, und nicht der historische Abstand zu ihm, weshalb der Glaube zu allen Zeiten dasselbe Wagnis für den Einzelnen ist, gleich ob dieser ein unmittelbar Gleichzeitiger mit Jesus oder ein „Schüler zweiter Hand“ ist. Gegenstand des Glaubens ist somit nicht die Lehre eines Lehrers, zu der es nur ein intellektuelles Verhältnis gibt, sondern „die Wirklichkeit des Gottes in Existenz, das heißt: als eines Einzelnen, das heißt: daß der Gott als ein einzelner Mensch dagewesen ist“. Das Christentum ist aus diesem Grunde auch „keine Lehre, sondern das Faktum, daß der Gott dagewesen ist“.[48]

In der glaubenden Annahme dieses absoluten Faktums erfährt der Einzelne, daß er Sünder ist, jedoch zugleich, daß im Glauben die Sünde vergeben, die Distanz zu sich überwunden und er Geist und Freiheit ist.[49]

Geistwerden, Selbstwerden, Sich-in-Existenz-Wählen geschieht deshalb im Augenblick des Glaubenssprunges, in dem der Einzelne sich an den ihn ansprechenden „Gott in der Geschichte“ bindet, wodurch er mit sich gleichzeitig wird in der Gleichzeitigkeit mit ihm.[50] Sprung und Augenblick erhalten somit ihre volle Bedeutung erst durch ein unverfügbares geschichtliches Faktum und kennzeichnen eine Bewegung, in der eine absolut neue, außerhalb jeder Denkbarkeit liegende und nicht aus einem vorhergehenden Zustand ableitbare Existenzqualität gesetzt wird: das Selbst des Einzelnen.[51]

Nicht in der geschichtslosen Idealität des Denkens erreicht der Einzelne sein Da-sein und seine Selbstgewißheit, sondern in der im Glauben gestifteten Gleichzeitigkeit mit dem Gott in der Zeit. In der Kierkegaardschen Formulierung: das Geheimnis der neueren Philosophie „ist dieses: cogito ergo sum, Denken ist Sein; christlich hingegen heißt es: Dir geschehe, wie du glaubst (Matth. 9, 29), oder, wie du glaubst, so bist du, Glauben ist Sein".[52]

Der Tod als mögliche Aufhebung der Existenz

Im vorhergehenden Abschnitt wurde wesentliche Existenz durch den Augenblick bestimmt, in dem in der Zeit das Zeitliche in der Entscheidung des Glaubens unter die Verantwortung des Ewigen genommen wird. Die Zeit wird zur Zeit der Entscheidung, da nicht eine endlose, sondern durch Geburt und Tod begrenzte Zeit zur Verfügung steht, die dem Einzelnen Selbstbegrenzung, das heißt Entscheidung abverlangt. Denn

> der Tod erwirkt ja selber, daß die Zeit teure Zeit wird für den Sterbenden, wer hätte nicht gehört, wie ein Tag, unterweilen eine Stunde im Preis hochgeschraubt ward, wenn der Sterbende mit dem Tode marktete; wer hätte nicht gehört, wie ein Tag, unterweilen eine Stunde unendlichen Wert bekam, weil der Tod die Zeit teuer werden ließ.[53]

Erst in der Konfrontation des Einzelnen mit *seinem* Tod und in der Annahme seiner selbst als sterblich wird die Zeit teure Zeit, vorher ist sie allgemeine Zeit. Das besagt: erst für den Entschiedenen, bei Kierkegaard also für den Christen, wird die Zeit zur Zeit der Entscheidung und der Tod als dasjenige gegenwärtig, vor dem die Entscheidung gefordert wird im Heute. „Im Grunde weiß das jeder Mensch; der Christ bedenkt dies ‚noch heute', bedenkt es jeden Tag, daß er es nicht weiß, ob er nicht am Ende sterben wird ‚noch in dieser Nacht'."[54] Dieses An-den-Tod-Denken meint aber nicht, daß der Tod gedacht wird, sondern es ist eine Handlung, die den Tod ernst nimmt, indem sie ihn in seinem möglichen „noch heute" annimmt. *Ernst* ist also jenes Tun, in dem der Einzelne sich als sterblich annimmt, und das „Heute" ist die Weise der Selbstgegenwart des Einzelnen im Ernst.[55]

Dieses „Heute“ wird von Kierkegaard als die sorglose Zeit von „Lilie“ und „Vogel“ [56] verstanden, für die es kein „Gestern“ und „Morgen“ gibt, zugleich aber als die Zeit des Glaubensritters Abraham, da er im einsamen Glauben zum Berge Morija ritt, um seinen Sohn Isaak zu opfern.[57]

Beide, Abraham und die Feldblume, sind religiöse Paradigmata, die den Spannbogen versinnbilden, in dem der Einzelne in Angst und Verzweiflung er selbst zu werden hat.

III. Die Stadien der Freiheit

a) Das ästhetische Stadium als träumende Freiheit

Die Aufgabe des Einzelnen ist es, sich als existierend zu übernehmen und darin ein bestimmtes Verhältnis zu sich selbst zu verwirklichen. Kierkegaard unterscheidet nun drei Grundformen dieses Verhältnisses, die er „Existenzsphären“ oder „Stadien“ nennt und mit den Termini: ästhetisch, ethisch und religiös bezeichnet.[58] Es handelt sich dabei um drei hierarchisch geordnete und durch einen Sprung verbundene Typen möglicher Realisation des Selbstverhältnisses und der in ihm begründeten Freiheit. Sie sind die Formen ihrer Geschichte und als ästhetisches Jenseits, ethisches Scheitern und als religiöse Erfüllung der Freiheit zu begreifen, wobei jedes folgende Stadium die Wahrheit des vorhergehenden darstellt.

„Ästhetisch“ ist nun bei Kierkegaard weniger eine kunsttheoretische Kategorie als vielmehr die Bezeichnung für das, was im Modus des aisthanesthai, der Wahrnehmung, d. h. unmittelbar gegeben ist. Das Ästhetische ist das unmittelbar Gegebene und Vorgegebene und ist als Existenzmodus das unmittelbare, weil nicht durch eine Wahl ausdrücklich übernommene Verhältnis zu sich selbst.

Das ästhetische Selbst ist deshalb dieses unmittelbar gegebene, naturwüchsige Selbst, das eine reiche Konkretion, eine Vielfalt von Bestimmtheiten, von Eigenschaften besitzt. Demzufolge heißt ästhetisch existieren: das sein, was man in seiner unmittelbaren Gegebenheit ist, denn „das Ästhetische in einem Menschen ist das, wodurch er unmittelbar ist, was er ist; das Ethische ist das, wodurch er wird, was er wird. Wer in und von dem Ästhetischen, durch und für das Ästhetische in ihm lebt, der lebt ästhetisch.“ Im ästhetischen Existenzmodus gibt es demzufolge keine Geschichte als Selbstübernahme, sondern nur Entwicklung als Entfaltung eines Vorgegebenen, z. B. der Fähigkeiten.

Dieses wird nicht als Aufgegebenes, unter die Verantwortung zu Nehmendes betrachtet, sondern Verantwortung wird beständig durch einen „negativen Entschluß", durch ein Sich-nicht-wählen-Wollen umgangen.[59] Wenn sich als existierend wählen heißt: die Momente seiner Existenz, Unendlichkeit — Endlichkeit usw., in ein konkretes Verhältnis zueinander zu bringen und sie darin zu synthetisieren, so entzieht sich der Ästhetiker dieser Aufgabe dadurch, daß er in beständiger Distanz zu sich in Existenz und Zuschauer seiner selbst bleibt. Dies dadurch, daß er sich nur in der Reflexion und Phantasie zu sich verhält, durch die er die Konkretion seines „esse" beständig in ein „posse" auflöst und seine Endlichkeit phantastisch verunendlicht. Das Existenzmedium des Ästhetikers ist deshalb die Möglichkeit und sein Selbstbezug eine leidenschaftslose, „hypochondrische Neugierde", nicht der Ernst wesentlicher Existenz. Hat diese im Wesen ihr Kriterium, so kann für jene in Willkür alles wesentlich werden: „Es ist äußerst wohltuend, solchermaßen die Realitäten des Lebens sich an solch einem willkürlichen Interesse differenzieren zu lassen. Man macht etwas Zufälliges zum Absoluten und als solches zum Gegenstand absoluter Bewunderung." [60]

Selbst ohne Wesen wird die ästhetische Existenz von einem anderen als sie selbst bestimmt, von einem zufällig Äußeren, weshalb die ästhetische Maxime lautet: „man soll das Leben genießen", das heißt innerhalb der Dialektik des Behaglichen und Unbehaglichen existieren mit ihren Leitbegriffen des Glücks, Unglücks und Schicksals. Das leitende Zeitverständnis ästhetischer Existenz ist deshalb nicht der Geschichte stiftende Augenblick der Entscheidung, sondern der „Moment" und das Momentane als Ausdruck der „Stimmung", in der sich der Einzelne dämmernd in seinen Möglichkeiten gegenwärtig ist.[61]

Dieser Moment wird von Kierkegaard als *„Wechselwirtschaft"* expliziert. Extensiv gelebt beruht sie auf der grenzenlosen Unendlichkeit der Veränderung des Genusses, der Stimmungen usw., die den Einzelnen bestimmen. Intensiv praktiziert ist sie Kunst der Sicherung des Genusses durch seine willkürliche Wiederholbarkeit in der Erinnerung: „jedes Lebensmoment darf nur so viel Bedeutung für einen haben, daß man es in jedem beliebigen Augenblick vergessen kann; jedes Lebensmoment muß aber andererseits so viel Bedeutung für einen haben, daß man sich jeden Augenblick seiner erinnern kann".

Gerade jene Forderung der beliebigen Reproduzierbarkeit der Vergangenheit in der Erinnerung und der Bedeutungslosigkeit der Gegenwart im Vergessen klammert ebenso mögliche Selbstgegenwart als Selbstbindung in der Entscheidung aus, wie sie die Distanz des Einzelnen zu sich und die Verfügbarkeit über die einzelnen Lebensmomente garantiert: „Wenn man sich dergestalt in der Kunst des Vergessens und der Kunst des Erinnerns perfektioniert hat, so ist man imstande, mit dem ganzen Dasein Federball zu spielen.“ [62]

Gerade diese Selbstdistanz ist ethisch gesehen verzweifelte Flucht vor sich selbst, weshalb der Übergang vom ästhetischen zum ethischen Stadium zunächst die Annahme seiner selbst als verzweifelt ist, und der Ethiker in „Entweder-Oder“ dem Ästhetiker auf die Frage, was zu tun sei, antwortet: „Ich habe nur eine Antwort: verzweifle!“ [63] Denn in Wahrheit verzweifeln heißt gerade nicht an der Wahrheit verzweifeln, sondern sie annehmen.

b) Das ethische Stadium als Unfreiheit

Ethische Existenz ist im Gegensatz zur ästhetischen durch die Kategorie der *Wahl* gekennzeichnet. Dabei geht es zunächst nicht darum, etwas zu wählen, sondern zwischen dem „Entweder“ des ästhetischen Nichtwählens und dem „Oder“ des ethischen Wählens zu wählen, weshalb die Wahl des ethischen Existenzmodus identisch ist mit der Wahl der Wahl, kurz: es geht nicht um die Wahl zwischen Gut und Böse, sondern um die Wahl *von* Gut und Böse, d. h. um die Eröffnung der ethischen Dimension.[64] Was aber gewählt wird, ist das ganze konkrete Selbst in seiner individuellen Bestimmtheit und geschichtlichen Bedingtheit, in seinem Weltbezug als Verhältnis zu anderen Individuen und zur Gattung. In der Wahl seiner selbst übernimmt deshalb der Einzelne die ganze Menschheit, ihre Geschichte und sich als Individuum in ihr, d. h. er wählt sich als dieser und zugleich als allgemeiner Mensch. Und solche Wahl ist für Kierkegaard nur möglich als ethische Wahl, durch die der Einzelne sich unter die Forderung der Ethik stellt. Ihre Aufgabe ist nämlich, daß sie jeden Menschen „zum wahren, zum ganzen Menschen, dem Menschen κατ' ἐξοχήν macht“,[65] was nur möglich ist, wenn sie selbst das „Allgemein-Menschliche“ [66] und das „Ursprünglichste“ in jedem Menschen ist.[67]

Die Forderung der Ethik an den Einzelnen ist deshalb, jenes Allgemeine zu verwirklichen, und die ethische Bewegung ist jenes Tun, durch das der Einzelne unendlich von sich selbst loskommt, indem er sich der Unendlichkeit der ethischen Forderung unterstellt, und darin wieder unendlich zu sich in seiner Faktizität zurückkehrt, wodurch er die allgemeine Pflicht zur seinen macht und dadurch die Einheit des Einzelnen mit dem Allgemeinen realisiert.

Auf diese Möglichkeit hin wird der Einzelne, sobald er die Wahl gewählt hat, vom Gewissen beansprucht, das ihm seine Pflicht zuspricht. Denn das Gewissen, von Kierkegaard als Möglichkeit der Einheit von Individuellem und Allgemeinem bestimmt, spricht zum Einzelnen in der jeweiligen konkreten Situation (= *seine* Pflicht), dergestalt, daß diese unter eine allgemeinverbindliche ethische Forderung (= seine *Pflicht*) gestellt wird, deren Inhalt „Gut“ und „Böse“ ist: ein Gegensatz, der jedoch nicht vor der Wahl „ist“, sondern nur in ihr und für die Freiheit.

Diese hat also nicht ein vorgängig bestimmtes Gut vor sich, sondern erst in der Wahl ist die Differenz von Wählen—Nichtwählen, von Selbstsein (Freiheit)—Selbstverlorenheit (Unfreiheit) als die Differenz von Gut und Böse gesetzt: „Das Gute ist die Freiheit. Erst für die Freiheit oder in der Freiheit ist der Unterschied zwischen Gut und Böse, und dieser Unterschied ist niemals in abstracto, sondern nur in concreto.“ [68]

Die Wahl ist somit kritische Wahl, eine Bewegung, in der sich der Einzelne einem Soll unterstellt, auf das hin er zu werden hat. „Wenn sich also das Individuum ethisch entwickelt, so wird es zu dem, was es wird.“ [69] Das ethische Stadium ist somit nicht das Medium des Seins, sondern des Werdens. Der Entscheidung vorausgehend ist die *Angst*, in der der Einzelne auf sein Selbst als auf seine Möglichkeit aufmerksam wird. Wovor aber die Angst sich ängstigt, ist das „Nichts“ des Selbst, insofern Freiheit und Selbst weder vor der Entscheidung wirklich sind noch aus einer Möglichkeit abgeleitet werden können, sondern sind, wenn sie sind.

Der konsequente Ausdruck hierfür ist: „Die Freiheit ist unendlich und entspringt aus nichts“, da sie sich selbst voraussetzt.[70]

Die Angst gehört also zur Seinsverfassung des Menschen und entspringt dem Aufgegebensein seines Selbstseins: Sie ist immer dann, wenn der Einzelne anhebt, sich in seiner geschichtlichen Bedingtheit und die ganze, durch Adam bestimmte Geschichte zu wählen. Angst ist eine Zwischenbestimmung zwischen dem Nichts der Möglichkeit und der Wirklichkeit des Selbsts, wobei jenes ängstigende Nichts für jedes Individuum nach Adam ethisch als Schuld, religiös als Sünde erscheint, die es zu übernehmen gilt, indem es sich selbst als schuldig bzw. sündig wählt.

Denn nur wenn ich mich selbst als schuldig wähle, wähle ich absolut mich selbst, falls ich überhaupt mich selbst auf eine Weise absolut wählen soll, daß dieses Wählen nicht identisch ist mit einem sich selbst Erschaffen; und wäre es auch des Vaters Schuld, die sich auf den Sohn fortgeerbt hätte, er bereut sie mit, denn nur so kann er sich selbst wählen, kann absolut wählen; und wenn die Tränen ihm beinahe alles auslöschten, er fährt fort zu bereuen, denn nur so wählt er sich selbst.[71]

Sich selbst wählen ist identisch mit dem Tun der Reue, in der die Schuld des Geschlechts übernommen wird und der Einzelne sich in die Geschichte des Geschlechts stellt. Sich als schuldig wählen heißt aber zugleich: sich als unfrei wählen oder als Freiheit, die sich in der Angst als Möglichkeit zeigt, jedoch in der Wahl als Unfreiheit setzt: Der „Gegensatz der Freiheit ist Schuld, und es ist das Höchste an der Freiheit, daß sie beständig nur mit sich selbst zu tun hat, in ihrer Möglichkeit die Schuld entwirft, und sie also durch sich selbst setzt, und wenn die Schuld wirklich gesetzt wird, sie durch sich selbst setzt“. Ethische Freiheit ist somit Unfreiheit, die durch die Reue als ethische Selbstwahl nicht aufgehoben werden kann, da sie die Schuld beständig voraussetzt. Die Forderung Reue ist deshalb „der höchste ethische Widerspruch“,[72] vor dem „der einzelne Mensch stets bankrott macht“.[73] In der Schuld deckt die Ethik ein Faktum auf, das sie mit ihren Mitteln nicht beheben kann, weil es über den Einzelnen hinausweist in das Geschlecht und weil dieser die Bedingung der Verwirklichung seiner selbst als Freiheit durch die Schuld schon je verloren hat. Die Wahrheit des Ethischen ist, daß der Einzelne seine Wahrheit unwiederbringlich verloren hat und auf eine Bedingung des Selbstwerdens verwiesen ist, die außerhalb seiner Mächtigkeit liegt und darin einen Verweis auf das Religiöse darstellt.

c) Die Freiheit als das religiöse Stadium

In der Immanenz des ethischen Existenzmodus konnte sich der Einzelne nicht als Selbst bewußt werden, was Ausdruck für das Scheitern der Ethik ist. Der Grund ihres Abdankens sowie die Bedeutung ihres Selbstwiderspruchs lassen sich aber nicht innerhalb der Ethik explizieren, sondern sie zeigen sich erst im religiösen Stadium.

Im Ereignis der Offenbarung wird dem Einzelnen durch den in Gnaden geschenkten Glauben seine Schuld als Sünde offenbar, jedoch zugleich die Möglichkeit ihrer Vergebung. Der Glaube an die Vergebung der Sünde als Antwort des Einzelnen auf den ihn geschichtlich ansprechenden Gott und als Gleichzeitigkeit mit ihm ist somit die entscheidende Wende, wodurch der Einzelne Selbst, Geist und Freiheit wird in der Gleichzeitigkeit mit sich, die sein Da-sein ist.

Das heißt: das Selbst und die Freiheit des Einzelnen sind als angesprochenes Entsprechen im Augenblick des Glaubenssprungs, der Zeitlichkeit und Geschichte konstituiert. Beide, Augenblick und Geschichte, bilden eine Einheit, die Kierkegaard als *„Wiederholung“* bestimmt in Abhebung von der ästhetischen Erinnerung. Mit Wiederholung ist demzufolge nicht gemeint, wie einzelne Taten der Vergangenheit noch gegenwärtig werden können, sondern Wiederholung bezeichnet die Bewegung, in der sich der Einzelne aus der Vergangenheit wieder holt, indem er sich zur Zukunft verhält, zur Forderung, mit dem Gott in der Zeit gleichzeitig zu werden und darin mit sich in der ewigen Bestimmung als Bild Gottes. Dieser ist, historisch gesprochen, zwar in der Vergangenheit, für einen Existierenden jedoch in der Zukunft als Aufgabe des Gleichzeitigwerdens mit ihm. Sie kann deshalb nicht durch eine rückwärts gewandte Erinnerung gelöst werden, da deren Voraussetzung ist, daß das Erinnerte schon immer gewußt ist, sondern nur durch die vorwärts gewandte Bewegung des Glaubens, der die Wiederholung ist. Kierkegaard bezeichnet sie deshalb als „Erinnerung in Richtung nach vorne“ [74] und als Bewegung, „durch die man vorwärtig in die Ewigkeit kommt“.[75] Im Augenblick des Glaubens kommt dem Einzelnen die Vergangenheit als Zukunft entgegen, um dann im Glauben an die Sündenvergebung wieder neu gelebt zu werden, und erst wenn der Augenblick gesetzt ist, ist das Zukünftige, das wiederkommt als das Vergangene.

Zur Kontrastierung seien die Stadien nochmals einander gegenübergestellt und kurz charakterisiert. Ästhetisches, ethisches und religiöses Stadium stellen Existenzmodi dar, das heißt Weisen, wie sich das „Zwischen“ der Existenz verwirklicht. Grundsätzlich geht es dabei in jedem Modus darum, Unendlichkeit und Endlichkeit, Zeitliches und Ewiges zu synthetisieren. Deren Bedeutung bestimmt sich jedoch aus dem jeweiligen Existenzmodus und das heißt: die Ewigkeit des Ästhetikers ist wesentlich verschieden von der des Ethikers und diese wiederum von der des religiös Existierenden. Jedes Stadium kann dabei als Versuch der Realisation der Synthese verstanden werden, deren Mißglücken im ästhetischen und ethischen Existenzmodus auf das religiöse Stadium verweist, in dem der geschichtliche Gott den Einzelnen befreit, wodurch die Synthese als beständig neu zu bestehende Einheit seiner mit dem Bilde Gottes von ihm wirklich ist.

Wollte man den inneren Zusammenhang und die gleichzeitige Verschiedenheit der einzelnen Stadien in einer Abbreviatur darstellen, so könnte man sagen, daß für den Ästhetiker die Möglichkeit höher als die Wirklichkeit ist, da er jedes esse in ein posse auflöst. Für den

Ethiker hingegen ist die Wirklichkeit entscheidend, und das heißt: er löst jedes esse in ein posse auf, um es in der Aneignung wieder in ein esse zu verwandeln, während für den religiös Existierenden der Glaube jene Idealität ist, „welche ein ‚esse‘ (sc. den Gott in der Zeit) in ein ‚non posse‘ auflöst und dies nunmehr glauben will“.[76]

Somit ist die religiöse Existenz die Form der Vollendung und Wahrheit der vorhergehenden Stadien, da in ihr die Synthese wirklich ist, weil durch die im Glauben befreite Freiheit vollzogen, in der erst die Momente der Zusammensetzung des Selbsts zusammengehalten werden können. Diese Freiheit ist aber nichts anderes, als daß der Einzelne sich absolut zu sich selbst und damit zugleich zu dem verhält, der das ganze Verhältnis gesetzt hat: Gott. In diesem absoluten Selbstverhältnis ist der Einzelne sich in Existenz gegenwärtig und in Gleichzeitigkeit mit sich, die sich im Augenblick des Glaubenssprunges realisiert, in dem die Freiheit sich selbst durch die Gnade Gottes setzt. Weil aber in dieser Selbstgegenwart das Wesen des Einzelnen im Sinne wesentlicher Existenz liegt und das Selbstverhältnis als Selbstgegenwart und Selbstdurchsichtigkeit nichts anderes als jene befreite Freiheit ist, so ist das Wesen die Freiheit des Glaubens, in dem der Einzelne in Wahrheit er selbst und das heißt: Geist ist.

Bibliographie

Die Werke Kierkegaards werden in chronologischer Ordnung aufgeführt unter Angabe der Pseudonyme.

I. Bibliographien

J. Himmelstrup: Sören Kierkegaard. Internationale Bibliografi. Kopenhagen 1962. (Das Verzeichnis enthält ca. 7000 Titel und umfaßt den Zeitraum von 1835 bis 1955.)

Søren Kierkegaard-literatur 1956—1960. Ved J. E. Holm, M. Müller og M. Oldenburg. (= Kierkegaardiana VII [1968], S. 252 ff.)

Søren Kierkegaard-literatur 1961—1966. En foreløbig bibliografi ved Aa. Jøorgensen. (= Kierkegaardiana VI [1966], S. 204 ff. und Kierkegaardiana VII [1968], S.. 269 ff.)

Aa. Jørgensen: Søren Kierkegaard-literatur 1961—1970. En foreløbig bibliografi. Aarhus 1971.

II. Zur Kierkegaardforschung

N. Thulstrup: Ziele und Methoden der neuesten Kierkegaard-Forschung mit besonderer Berücksichtigung der skandinavischen. In Kierkegaard Symposion. Kopenhagen 1950, (= Orbis Litterarum, Bd. 10) S. 301 ff.

Ders.: Die historische Methode in der Kierkegaard-Forschung durch ein Beispiel beleuchtet. In: Orbis Litterarum X, S. .280 ff.

N. H. Søe: Neuere dänische Kierkegaard-Forschung. In: Theol. Literaturzeitung, Nr. 1 (1971), Sp. 1 ff.

III. Literaturbesprechungen

Eine knappe Charakterisierung der hauptsächlichen Kierkegaard-Literatur seit 1907 findet sich bei *R. Jolivet:* Kierkegaard. Bibliographische Einführung in das Studium der Philosophie (hrsg. von I. M. I. Bochênski). Bern 1948.

Eine kritische Besprechung der neueren Kierkegaard-Literatur (1945—1957) bietet der Artikel von *M. Theunissen*: Das Kierkegaardbild in der neueren Forschung und Deutung. In: H. H. Schrey (Hrg.): Sören Kierkegaard. Darmstadt 1971, S. 324 ff., sowie der Aufsatz von *H. Fahrenbach*: Die gegenwärtige Kierkegaard-Auslegung in der deutschsprachigen Literatur von 1948—1962. In: Phil. Rundschau, Sonderheft Kierkegaard-Literatur. Tübingen 1962, Beiheft 3.

IV. Ausgaben

Als wesentliche deutschsprachige Kierkegaard-Ausgaben sind zu erwähnen: Die bei E. Diederichs (Düsseldorf/Köln) seit 1950 erscheinende, von *E. Hirsch u. a.* besorgte und kommentierte Gesamtausgabe in 26 Bänden nebst 5 Bänden Tagebücher. Ferner die bei J. Hegner (Köln/Olten) seit 1956 erscheinende vierbändige Ausgabe der Hauptschriften Kierkegaards, die von *H. Diem* und *W. Rest* herausgegeben wird und mit einem Kommentar von *N. Thulstrup* versehen ist.

V. Werke

Der Begriff der Ironie mit ständiger Beziehung auf Sokrates. (Dissertation) 1841.

Entweder — Oder (von Victor Eremita). 1843.

Furcht und Zittern (von Johannes de Silentio). 1843.

Die Wiederholung (von Constantin Constantius). 1843.

Philosophische Brocken oder ein Bröckchen Philosophie (von Johannes Climacus). 1844.

Der Begriff Angst (von Vigilius Haufniensis). 1844.

Drei Reden bei gedachten Gelegenheiten. 1845.

Stadien auf des Lebens Weg (von Hilarius Buchbinder). 1845.
Achtzehn erbauliche Reden. 1845.
Abschließende unwissenschaftliche Nachschrift zu den Philosophischen Brocken (von Johannes Climacus, herausgegeben von S. Kierkegaard). 1846.
Eine literarische Anzeige. 1846.
Das Buch Adler. 1847 (posthum ediert).
Erbauliche Reden in verschiedenem Geist. 1847.
Der Liebe Tun. 1847.
Christliche Reden. 1848.
Zwei kleine ethisch-religiöse Abhandlungen (von H. H.). 1849.
Die Krankheit zum Tode (von Anti-Climacus). 1849.
Der Gesichtspunkt für meine schriftstellerische Tätigkeit. 1849 (posthum ediert).
Reden. 1849.
Einübung im Christentum (von Anti-Climacus). 1850.
Zur Selbstprüfung der Gegenwart empfohlen. 1851.
Urteilt selbst! 1852 (posthum erschienen).
War Bischof Mynster ein Wahrheitszeuge? 1854.
Der Augenblick. 1855.

VI. Literatur über Kierkegaard

a) Über Einzelthemen informieren ausführlich:
Kierkegaardiana. Udg. af Søren Kierkegaard Selskabet ved Niels Thulstrup. København 1955 ff. (Bisher I—VIII.)
Kierkegaard Symposion. Kopenhagen 1950. (= Orbis litterarum, Bd. 10, fasc. 1, 2).
Studi Kierkegaardiani. Hrsg.: C. Fabro. Brescia 1957.
Wahl, J.: Etudes Kierkegaardiennes. Paris ²1948.

b) Einführende und Gesamtdarstellungen:
Diem, H.: Sören Kierkegaard. Spion im Dienste Gottes. Frankfurt a. M. 1957. (Das Buch führt in die Thematik Kierkegaardschen Denkens ein und bietet zudem eine ausgezeichnete Darstellung der Existenzstadien.)
Hirsch, E.: Kierkegaard-Studien. Studien des apologetischen Seminars, Heft 29, 31, 32. Gütersloh 1930 ff. (Die Studien versuchen durch sehr genaue Untersuchungen über Chronologie, Wortschatz und geschichtlichen Zusammenhang des Werkes Kierkegards dessen innere Entwicklung zu rekonstruieren.)
Paulsen, A.: Sören Kierkegaard. Deuter unserer Existenz. Hamburg 1955. (Eine Deutung des Gesamtwerkes, dessen Sinnzusammenhang am Leitfaden von „Gesprächen“ erschlossen wird, die geschichtlichen Situationen zugeordnet sind.)
Sløk, J.: Die Anthropologie Sören Kierkegaards. Kopenhagen 1954. (Das instruktive Werk gibt eine Darlegung der systematischen Struktur der

Existenzdialektik und kann als eine der besten Kierkegaard-Interpretationen der Gegenwart bezeichnet werden.)

Schrempf, Ch.: Sören Kierkegaard. 2 Bde. Jena 1927. (Eine ausführliche Kierkegaard-Biographie.)

Schrey, H. H. (Hrsg.): Sören Kierkegaard. Darmstadt 1971. (Der Sammelband enthält Aufsätze verschiedener Autoren aus der Zeit von 1924—1968 und vermittelt einen guten Einblick in die Probleme der Kierkegaard-Interpretation.)

Adorno, W. Th.: Kierkegaard. Konstruktion des Ästhetischen. Frankfurt a. M. ²1962. (Bedeutender Versuch einer kritischen Interpretation des Gesamtwerkes im Ausgang vom „Ästhetischen".)

2. Karl Jaspers (1883—1969)

Einleitung

Es stimmt nachdenklich, daß im philosophischen Gespräch der Gegenwart das Werk von Karl Jaspers kaum noch Erwähnung findet. Sein Name ist in der Öffentlichkeit vergessen, obwohl er deren Bewußtsein durch seine provokativen Deutschlandbücher ebenso mitbestimmte wie die philosophische Diskussion der sechziger Jahre durch sein Alterswerk.[1] Jaspers scheint eine Gestalt der Philosophiegeschichte geworden zu sein. Der Grund dafür ist in der Eigenart einer Philosophie zu suchen, die nicht zuletzt durch die persönliche Integrität Jaspers' wirkte und auch heute noch durch ihren existentiellen Ernst überzeugt, deren gedanklicher Gehalt aber in seiner Amalgamierung mit den Denkformen und Begriffen der Tradition nur mehr schwer als eigenständig zu erkennen ist.

Spürbar wird er jedoch noch im Anliegen und Ansatz Jaspersschen Philosophierens, der zugleich auch dessen inneren Zwiespalt deutlich werden läßt: Soll es doch einerseits die „uralte, ewige Philosophie" sein, worüber auch der frühe Titel „Existenzerhellung" nicht hinwegtäuschen darf, andererseits aber einer geschichtlichen Situation gerecht werden, die im wesentlichen gerade durch Nietzsches Infragestellung jener ewigen Philosophie als Metaphysik gekennzeichnet ist. Mit Kant versucht Jaspers die „objektive" Metaphysik zu verlassen und mit Kierkegaard und Nietzsche die idealistische Geistphilosophie. Mit beiden teilt Jaspers die Erfahrung vom Ende systematischen Philosophierens aus absoluter Vernünftigkeit, jedoch trennt ihn von Kierkegaard dessen Offenbarungsglaube, von Nietzsche dessen „Gottlosigkeit".[2]

Schon aus dieser grob skizzierten Ortsbestimmung ließe sich eine neue Begrifflichkeit und Methodenreflexion erwarten. Um so mehr überrascht es, daß Jaspers die begriffliche Fassung seiner Absicht im Rückgriff auf die Lebensphilosophie Diltheys, vor allem aber auf Kant und einen von seinen lutherisch-religiösen Voraussetzungen purgierten Kierkegaard konzipiert, was von M. Heidegger als Versuch eines „Synkretismus“ beider kritisiert wurde.[3] Die Folge solchen Vorgehens ist eine schwebende Vieldeutigkeit der Jaspersschen Begriffe, bedingt durch ihre unreflektierte Geschichte und nicht nur durch die Absicht, die Existenz in ihrer Ungegenständlichkeit zu sagen.

Es wäre jedoch zu kurz gegriffen, jene Vieldeutigkeit auf einen bloß methodischen Mangel reduzieren zu wollen, da sie prinzipiell jedem Sprechen über Existenz in existentieller Absicht eigen ist, das sich begrifflich und allgemein verbindlich zu artikulieren versucht. Als solches verfehlt es notwendig die geschichtliche Einmaligkeit von Existenz, die der Einzelne als eigentliches Selbstsein ist. Für Jaspers heißt dies, daß Existenz nicht bewiesen, sondern nur aufgewiesen, nicht begrifflich gefaßt, sondern nur in ihren Grundformen erhellt werden kann. Da aber existenzerhellendes Sprechen, wie jedes andere Sprechen auch, schon immer vergegenständlicht, muß es sich in Formen vollziehen, die sich als gegenständliche selbst wieder aufheben, um damit Existenz indirekt zu treffen.

Die „Methoden der Existenzerhellung“ [4] sind deshalb Weisen des Aufhebens, sei es als Heranführen an die Grenzen inhaltlichen Wissens, als Rücknahme des logisch Bestimmten im Zirkelschluß und Widerspruch oder als Verwandlung bestimmter Begriffe zu existentiellen „signa“, wie z. B. Freiheit, Entscheidung usw., die auf Existenz verweisende Zeichen sind, deren Gehalt nur erfaßt werden kann, wenn er gewollt ist.[5] Die „Gegenstände“ solcher Erhellung, von Jaspers als „konkretes Philosophieren“ bezeichnet, sind: 1. das Weltsein, das ebenso grundlos und unabschließbar ist wie das Wissen von ihm begrenzt, ein Aufweis, den Jaspers in dem mit „Weltorientierung“ betitelten Werk erbringt, 2. ich selbst als mögliche Existenz, auf die ich im Bewußtsein jener Wissensgrenzen verwiesen bin; sie ist Gegenstand der „Existenzerhellung“, 3. die Transzendenz als Sinngrund der Existenz und Inhalt der „Metaphysik“.

Weltorientierung, Existenzerhellung und Metaphysik sind die Untertitel der 1932 erschienenen Jaspersschen ›Philosophie‹, deren Absicht jedoch nicht nur die Erhellung von Existenz, sondern wesentlich auch das Sprechen zu ihr ist. Solches Sprechen kann keine Allgemeingültigkeit und zwingende Verstandesevidenz beanspruchen, sondern sich nur indirekt an den Einzelnen richten als Appell an seine Freiheit, der beim Hörenden „entgegenkommendes Selbstsein" voraussetzt.

In der Reflexion solchen Sprechens ist Jaspers Kierkegaard verpflichtet, der das Problem der Existenzmitteilung in der Differenz von Denken bzw. Sprechen und Existieren begründet sah und unter dem Titel der „indirekten Mitteilung" zu fassen versuchte. Diese Differenz nicht beachten, heißt für Jaspers in „existenzphilosophische Redeweisen" verfallen oder Existenz in Existenzialien vergegenständlichen, was Jaspers dem Existentialismus und Heidegger vorwirft, ihn darin mißverstehend.[6] Dieses Mißverständnis überrascht um so mehr, als Jaspers selbst zwischen einer Existenzerhellung in existentieller und transzendentaler (existentialer) Absicht unterscheidet[7]: Jene wendet sich appellativ an den Existenzvollzug, während diese sich als allgemeingültige Aufweisung der Grundformen von Sein und Existenz in einer „Philosophischen Logik" versteht.[8]

Was nun die Lektüre des Jasperssdien Werkes erschwert, ist gerade dieses Ineinander von transzendentalem Aufweis und existentiellem Appell, eine Unterscheidung, die nicht nur den Zusammenhang der philosophischen Hauptwerke Jaspers (›Philosophie‹ und ›Von der Wahrheit‹) herstellt, sondern in jedem Werk präsent ist und die Eigenart der Jasperssdien Darstellungsform und Denkbewegung ausmacht. Diese nimmt ihren Ausgang von der Frage nach dem, was das Sein ist (I), das sich als das eine Umgreifende (II) in die Weisen des Umgreifenden spaltet (III), in denen es für uns Gestalt gewinnt. Damit ist zugleich die Gliederung der folgenden Darstellung gegeben.

I. Die Seinsfrage

Beginn und Zusammenhang Jasperssdien Denkens sind durch eine Frage markiert, die seit alters Grundfrage und Anfang jeglichen Philosophierens ist: die Seinsfrage. „Der Weg des Philosophierens sucht durch die Endlosigkeiten des Teilhaften, durch das Viele und Zerstreute hindurch in aller Erscheinung das Sein selbst." [9] Dieses wird gesucht als das in allen Veränderungen Bleibende, Eine und Ganze, das der Urgrund als „die Gottheit" ist. Die Frage selbst wird aber von Jaspers nicht in theoretischer oder allgemein ontologischer Absicht gestellt oder aus einem bloß methodischen Zweifel, vielmehr aus der Betroffenheit und Erschütterung möglicher Existenz angesichts der „Zerrissenheit des Seins".[10] Als das Ganze ist es ebenso über die Verstandeskategorien hinaus, wie es in seiner Zerrissenheit für das Denken letztlich gleichgültig bleiben muß, da dieses die Einheit seiner selbst fraglos voraussetzt. Soll das Ganze dennoch gedacht werden, so muß das Denken sich selbst aufheben und ein „Nichtdenken“ vollziehen, in dem das Sein nicht begriffen, sondern „gespürt“ wird, wie Jaspers sagt, und soll diese Zerrissenheit erfahren werden, so nur in jener existentiellen Entscheidung, in der sich der Einzelne vor seine ihm als endlichem Wesen eigenen Grenzen bringt und damit zugleich in die Frage nach dem Ganzen, in der er sich selbst fraglich wird.

Philosophieren als Suche nach dem Sein kann deshalb weder von außen in Gang gebracht noch als notwendig bewiesen werden. Sie ist nur aus möglicher Existenz, die sich vom Sein als dem Ziel der Suche leiten läßt. In diesem Sinne läßt sich die Philosophie Jaspers' auch als „Existenzpilosophie“ kennzeichnen.[11] Ihre *Methode* ist das „Transzendieren“ als systematische, jedes endlich Seiende überschreitende Suche des Seins (der Transzendenz), das Maßstab jeder Methode ist und dessen Anspruch den Einzelnen in sein eigenes Seinskönnen bringt.[12]

Philosophieren ist deshalb ein „inneres Handeln“ als Entscheidung, die sich offenhält „für das Entgegenkommen des Seins, das einem jeden nur fühlbar wird, sofern er sich selbst entgegenkommt und nicht ausbleibt, sich gleichsam geschenkt wird“.[13] Dieses eine Sein wird nun von Jaspers, zum erstenmal in ›Vernunft und Existenz‹, unter dem Titel des „Umgreifenden“ thematisiert.

II. Das Umgreifende

Setzt die Seinsfrage bei einem einzelnen Seienden an, so verweist dieses auf andere Seiende usw. und schließlich auf das relative Ganze unserer Lebenswelt, die der Horizont der verschiedenen Seinsregionen und unseres Wissens ist. Seine Erweiterung macht stets einen erneuten Horizont sichtbar, jedoch nie ein horizontlos geschlossenes, nicht mehr weiter verweisendes Ganzes. Dennoch wird es aber gerade dadurch „fühlbar“, daß ein Horizont ist, und sich so ständig ein Weiteres jenseits des Horizonts zeigt, das jeden gewonnenen Horizont einschließt, ohne selbst Horizont zu sein. Was so fühlbar wird und sich „ankündigt“, ist das alle Horizonte „Umgreifende“ als das Ganze und der ungegenständliche Grund der Gegenständlichkeit, das Sein selbst. Es ist weder Subjekt noch Objekt, die ja selbst nur Horizonte darstellen, sondern das beide Ermöglichende. Doch gerade die Frage nach ihm macht die unüberwindbare Subjekt-Objektspaltung als die Form gewiß, in der das Sein für uns „Gestalt gewinnt" oder „erscheint", wie Jaspers in Kantscher Terminologie sagt.[14]

Die Frage nach dem Sein erfährt so, daß das Sein in Seinsweisen, das eine Umgreifende in die Weisen des Umgreifenden gespalten ist. Sie werden von Jaspers als „die Grundweisen des Sinnes von Sein" bezeichnet und in der Lehre vom Umgreifenden, der „Periechontologie", ausdrücklich thematisiert.[15]

III. Die Weisen des Umgreifenden

Gemäß ihren Grundmöglichkeiten entdeckt so die Seinsfrage, daß das eine Umgreifende uns in zwei Grundweisen gegenwärtig und in ihnen zugleich entschwindend ist: entweder als das Sein selbst, gedacht als *Welt* und *Transzendenz,* „das alles ist, in dem und durch das wir sind; oder als das Umgreifende, das wir selbst sind und worin uns jede bestimmte Seinsweise vorkommt".[16] Wir selbst als die Bedingung, unter der alles andere Sein erst Sein für uns werden kann, sind aber in dreifacher Weise umgreifendes Sein, nämlich: a) als umweltlich und zeitlich bestimmtes *Dasein,* b) als *Bewußtsein überhaupt,* dem Ort allgemeingültigen Wissens, c) als *Geist,* dem einigenden Ganzen als Idee.

Diese Weisen des Umgreifenden fallen aber nicht beziehungslos auseinander, sondern sie haben ihren „Boden" in der *Existenz* als dem eigentlichen, sich zur Transzendenz verhaltenden Selbstsein, und ihr einigendes Band in der *Vernunft,* deren Grundzug der Wille zur Einheit ist.

Der Übersichtlichkeit halber sei diese Gliederung auch schematisch dargestellt, wobei anzumerken ist, daß Jaspers sie nicht mittels Deduktion aus einem obersten Prinzip, sondern durch ein „Hinnehmen" und „Erhellen" der ursprünglichen Seinsweisen gewinnt.[17]

Das Umgreifende, das das Sein selbst ist:	Das Umgreifende, das wir sind:	Boden und Band der Weisen des Umgreifenden:
Welt	Dasein	Existenz
Transzendenz	Bewußtsein überhaupt	Vernunft
	Geist	

In der Darstellung dieser definitorisch nicht fixierbaren Grunderfahrungen von Sein setzt Jaspers — in Anlehnung an Kant — bei dem Umgreifenden an, das wir als Bedingung allen Seins für uns sind.

a) Das Umgreifende des Daseins

Die erste, durch die Seinsfrage vermittelte Grunderfahrung ist ausgesprochen im „ich bin da". Der Titel Dasein bezeichnet dabei das Umgreifende, das ich als lebendiges, von Daseins- und Machtinteressen getriebenes Wesen in zeitlicher Begrenzung bin. Dasein darf aber deshalb nicht im Sinne eines räumlich-zeitlich bestimmten Gegenstandes verstanden werden, sondern als Umgreifendes ist es der Wirklichkeitsraum, in den alles treten muß, um überhaupt für mich Gegenwart gewinnen zu können: sei es durch körperliche Berührung, durch wahrnehmendes Erfassen oder denkendes Begreifen. Dasein kann zwar für Biologie, Psychologie oder Soziologie zum Gegenstand werden, doch stellen solche Objektivationen nur die gegenständlichen Erscheinungsformen und Aspekte meines Seins dar, das als das Worin aller Gegenständlichkeit selbst ungegenständlich und nicht nur in Raum und Zeit ist. Dasein ist so „die Gegenwärtigkeit eines umschließenden Ganzen aus seinem nie Gegenstand werdenden Grunde".[18] Die Grenzen des Daseins zeigen sich aber darin, daß es nicht aus einer fraglosen Selbstverständlichkeit heraus leben kann, sondern sich im Wissen um den Tod als schwindendes erfährt angesichts der Unmöglichkeit, sich in einem Endziel zu vollenden. In seinem ständigen Drang nach mehr kann Dasein in sich keinen bleibenden Sinn finden, da jede Befriedigung nur vorübergehend, kein Glück von Dauer ist. Gerade dieses „Ungenügen des Daseins an sich selbst" verweist aber auf einen Ursprung, der aus einem anderen Umgreifenden kommt und mehr ist als bloßes Dasein.[19]

b) Das Bewußtsein überhaupt

Als individuelles, faktisches Bewußtsein werde ich meines Daseins im Erleben inne, während ich als Bewußtsein überhaupt — ein Terminus, den Jaspers von Kant übernimmt — teilnehme am allgemeingültigen Verstandesdenken und der Gewißheit des „cogito". Seine Kategorien sind als die notwendigen Denkformen eines Gegenstandes die Bedingung allen Gegenstandseins für uns. Sie garantieren in der Einheit des „Ich denke" die Allgemeinverbindlichkeit und Mitteilbarkeit gegenständlicher Erkenntnis.

Das Bewußtsein überhaupt ist deshalb als Ort gültigen Denkens und Stätte zeitlosen Sinns (z. B. von logischen Geltungen) das eine und gleiche für alle Menschen und unabhängig von deren Individualität. Seine Befriedigung ist die zwingende Evidenz, während seine Grenze markiert wird durch die potentielle Endlosigkeit der unbezweifelbar richtigen Detailerkenntnisse sowie durch das nicht mehr allgemeinverbindlich Aussagbare und Undenkbare.[20]

c) Der Geist

Im Unterschied zur Abstraktion des zeitlosen Bewußtseins überhaupt und zur Konkretion des lebendigen Daseins ist der Geist „die Ganzheit verstehbaren Denkens, Tuns, Fühlens, die nicht in sich geschlossener Gegenstand für mein Wissen wird, sondern Idee bleibt".[21] Sie ist das in jeder Einzelforschung schon vorausgesetzte und sie leitende unbedingte Ganze zur nicht abschließbaren Reihe der einzelnen Bedingtheiten und Erkenntnisse, sowie die Einheit des allgemeingültigen Verstandeswissens mit der Zufälligkeit des Daseins: Beide sind dem Bewußtsein in der Idee zur Einheit seiner Welt zusammengeschlossen. Im Gegensatz zur bloß formalen Einheit des Verstandes als der notwendigen Bedingung einer universellen Gültigkeit von Erkenntnis ist deshalb der Geist wirklich als geschichtliche Einheit und zeitliches Geschehen. „Er ist nicht schlechthin, sondern jeweils historisch, vom Orte bestimmt, in Berufsideen, Kulturideen, Volksideen sich entfaltend." Die Einheit des Geistes als Wirklichkeit der Idee ist somit eine „geschichtlich bewegte Gestalt", deren Aneignung oder Ablehnung das Bild einer Epoche prägt. Gerade der geschichtliche Wandel und Zusammenbruch von Welten und Epochen läßt aber auch das „Scheitern der Idee" und die Grenzen des Geistes sichtbar werden[22]: Die Grunderfahrung des Daseins, daß Idee und Realität letztlich inkommensurabel sind und diese nicht vollends unter die Idee gebracht werden kann, verbietet den idealistischen Entwurf einer Universalidee als absoluten Geist, in den die Welt in ihrer geschichtlichen Realität aufhebbar wäre.

d) Die Welt

In den Weisen des Umgreifenden, die wir sind, stehen wir schon immer in Bezug zu einem Faktum, das zwar der Form nach, wie z. B. durch die Verstandeskategorien, von uns bestimmt wird, aber in seiner Wirklichkeit nicht durch uns hervorgebracht werden kann: die Welt.[23] Sie ist zwar das Gegenüber zu unserem Sein, jedoch nicht in der Weise eines objektivierbaren Gegenstandes oder innerweltlich Seienden. Als Umgreifendes ist Welt vielmehr das, „woraus uns alle Erscheinungen, in denen uns Weltsein zugänglich ist, begegnen“.[24] Sie ist nicht als Gegenstand antreffbar, sondern das Worin jeder durch Anschauungs- und Denkformen konstituierten Gegenständlichkeit, in der uns Welt im Kantschen Sinn des Wortes „erscheint“. Erscheinung ist so die Weise, wie Welt in den prinzipiell endlosen Objektivierungen des forschenden Zugriffs (z. B. als Materie, Energie, Leben usw.) und in den Auslegungen der verschiedenen Weltbilder für uns ist, ohne darin in ihrem An-sich oder in ihrer Totalität faßbar zu sein: vom erkennenden Subjekt aus gesehen ist das Ganze der Welt nicht die Summe von innerweltlich Seienden, sondern „Idee im Sinne Kants“,[25] die unsere partiellen Erkenntnisse von Welt auf ein unendliches Ziel und einen Zusammenhang hin lenkt, der selbst nicht mehr zum Erkenntnisgegenstand gemacht werden kann, es sei denn um den Preis sich widersprechender Aussagen, der Antinomien. Die positive Bedeutung der Unabschließbarkeit des Weltwissens liegt für Jaspers nun darin, daß damit jede vermeintlich endgültige Welterkenntnis durchbrochen und die Bodenlosigkeit des Weltseins offenbar wird, wodurch wir frei für uns selbst in der Welt werden. Angesichts einer absolut erkannten Welt könnten wir uns nur als ihr Teil begreifen und als ihren Gesetzen unterworfen, während wir in der Einsicht, daß die Welt für eine endliche Erkenntnis sich nicht zu einem Ganzen schließt, auf unseren Ursprung zurückgeworfen sind, der in dieser Bewegung als mögliche Freiheit und Existenz „fühlbar“ wird und Ort der Gewißheit meiner selbst ist in der Relativität aller Welterkenntnis.[26]

e) Die Existenz.

An dieser Stelle muß daran erinnert werden, daß die Bewegung Jaspersschen Philosophierens durch die Frage nach dem einen Sein markiert ist, die systematisch als Transzendieren aus möglicher Existenz vollzogen wird, zu der es führen soll.[27]

Der Ernst dieser Seinsfrage läßt nun den Philosophierenden eine „tiefe Unbefriedigung“ angesichts der bisher erörterten Weisen des Umgreifenden spüren, da sie nicht das Sein selbst sind, sondern in ihren spezifischen Grenzen auf anderes verweisen.[28] Was aber in dieser Unbefriedigung negativ sich zeigt, bin ich selbst als „Wer“ der Betroffenheit. Denn im Ungenügen am Weltwissen und an mir als Dasein, Bewußtsein überhaupt und Geist, erfahre ich mich als nicht identisch mit ihnen und bin darin auf mich selbst zurückgeworfen. Es ist dies die Erfahrung, daß ich nicht nur da, nicht nur das leere „Ich denke“ als

Bewußtsein überhaupt bin und mich nicht in seinen Objektivationen erschöpfe, da ich zugleich das Wesen bin, das sich auf diese Weise objektivieren und darin selbst sein oder sich verlieren kann. In dieser Unbefriedigung ist so ein Verhalten zu mir selbst angezeigt, aus dem ein Ergreifen meiner selbst möglich wird.[29] Jaspers führt es unter dem Titel der „möglichen Existenz" ein und versteht darunter „ein Sein, das sich zu seiner Möglichkeit verhält ...", sich zu ergreifen oder vor sich zu fliehen.[30] Es kann noch im formalen Transzendieren über die „immanenten" Weisen des Umgreifenden, die ich bin und die die Welt ist, intendiert werden, während eigentliches Selbstsein, von Jaspers einfach als „Existenz" bezeichnet, nur im transzendierenden „Sprung" erreicht wird, der damit Ursprung der Eigentlichkeit ist.[31]

Das Umgreifende des Selbstseins als Existenz wird also nicht wie die anderen Umgreifenden im sukzessiven Transzendieren der Einzelgegenstände spürbar, sondern nur in einer unableitbaren und deshalb Sprung genannten Entscheidung als Eigentlichseinwollen erreicht: „Existenz ist auf dem Wege zum Sein durch Entscheidung aus ihrem Entschluß, ist eigentliches Selbstsein."[32] Ihm vorausgehend ist die Erfahrung möglicher Existenz als Sprungbereitschaft in bestimmten, ausgezeichneten Situationen, die Jaspers „Grenzsituationen" nennt. Situationen sind die dem Dasein eigenen und ihm vorgegebenen Bereiche seiner Lebenswelt, die es seinen jeweiligen Interessen entsprechend gestalten und von denen es sich auch distanzieren kann, da sie ihm mehr oder minder zufällig angehören.

Grenzsituationen hingegen sind unbeliebige, der Existenz zugeordnete Situationen, die mit dem Menschsein als solchem verknüpft sind, in dessen Endlichkeit sie gründen:

> Situationen wie die, daß ich immer in Situationen bin, daß ich nicht ohne Kampf und ohne Leid leben kann, daß ich unvermeidlich Schuld auf mich nehme, daß ich sterben muß, nenne ich Grenzsituationen. Sie wandeln sich nicht, sondern nur in ihrer Erscheinung; sie sind, auf unser Dasein bezogen, endgültig. Sie sind nicht überschaubar; in unserem Dasein sehen wir hinter ihnen nichts anderes mehr. Sie sind wie eine Wand, an die wir stoßen, an der wir scheitern. Sie sind durch uns nicht zu verändern, sondern nur zur Klarheit zu bringen, ohne sie aus einem Anderen erklären und ableiten zu können. Sie sind mit dem Dasein selbst.
>
> Grenze drückt aus: es gibt ein anderes, aber zugleich: dies andere ist nicht für das Bewußtsein im Dasein. Grenzsituation ist nicht mehr Situation für das Bewußtsein überhaupt, weil das Bewußtsein als wissendes und zweckhaft handelndes sie nur objektiv nimmt, oder sie nur meidet, ignoriert und vergißt; es bleibt innerhalb der Grenzen und ist unfähig, sich ihrem Ursprung auch nur fragend zu

nähern. Denn das Dasein als Bewußtsein begreift nicht den Unterschied; es wird von den Grenzsituationen entweder nicht betroffen oder als Dasein ohne Erhellung zu dumpfem Brüten in der Hilflosigkeit niedergeschlagen. Die Grenzsituation gehört zur Existenz, wie die Situationen zum immanent bleibenden Bewußtsein.[33]

Kennzeichnend für die Grenzsituationen ist, daß an ihnen das Denken scheitert und der Einzelne zu ihnen im Verhältnis eines unaufhebbaren Nichtwissens steht, da er sich von ihnen weder distanzieren, noch sie in der Reflexion hintergehen oder in ihren Gründen klären kann: Als endliches Wesen kann er sich nicht als absoluten Anfang denken und hat er eine unverfügbare Herkunft, da er seine Eltern nicht wählen kann. Zudem steht er notwendig im Kampf mit anderem Dasein und wird er schuldig in der Wahl einzelner Möglichkeiten, wodurch der andere versäumen muß, da er sterblich ist.

Wenn nun die Grenzsituationen als solche erfahren werden, dann gibt es zwei Grundmöglichkeiten, sich zu ihnen zu verhalten: entweder den Weg der zum Nichts zersetzenden, unendlichen Reflexion und des Selbstmordes aus Trotz, oder den Weg zum eigentlichen Selbstsein.[34] Zu ihm, und damit zur Gewißheit darüber, wer ich eigentlich bin, komme ich nun nicht durch das Denken, das ja gerade in der Grenzsituation seine Ohnmacht erfährt, sondern durch die Wahl meiner selbst, vor der es mich ängstigt angesichts des Nichtwissens über mich und der Möglichkeit des eigenen Nichtseins im Verfehlen meiner selbst.[35] Im Unterschied zur Daseinsangst, die in der Bedrohung meiner vitalen Bedürfnisse fühlbar wird, zeigt sich die „existentielle Angst" erst angesichts „der Möglichkeit des Nichts" meiner selbst, d. h. der Möglichkeit, mich in diesen bedrohlichen Situationen nicht zu treffen und schuldig mich selbst zu verlieren.[36]

An diesem Wendepunkt der Angst als dem Bewußtsein möglichen Vertilgtwerdenkönnens bin ich in der Stimme des Gewissens in meinen Ursprung gerufen, den ich im existentiellen Entschluß als „eigentliche Gewissensantwort" ergreifen kann, in der ich das, was ich in meinem Entschluß bin, ewig sein will.[37] Doch gerade in dieser Möglichkeit, über das eigene Sein entscheiden und sich darin absolut zu sich selbst verhalten zu können, zeigt sich zugleich das Wesen der Existenz als Freiheit.[38] Sie ist als die im Sprung der Wahl erreichte Existenz. Freiheit kann deshalb weder wie ein gegenständlich Seiendes bewiesen noch in begrifflichen, Distanzierung voraussetzenden Objektivationen zureichend gefaßt werden, sondern sie ist jener Vollzug der Selbstwahl, aus dessen Möglichkeit überhaupt erst nach Freiheit gefragt werden kann und in dessen Wirklichkeit ich meiner selbst als frei gewiß bin.[39] Zugleich ist darin entschieden, in welchem Verhältnis ich zur Determination durch die Welt und durch mich als welthaft Seiendem stehe, worin die Freiheit meiner selbst von ihr liegt.

Jaspers weist aber nun ausdrücklich darauf hin, daß diese transzendierend befreiende Bewegung des Selbstwerdens mich nicht als quasi extramundanes Seiendes konstituiert, da sie weder zu einer absoluten Distanz zum Weltsein führt, noch in einem sich isolierenden Freiheitsbewußtsein in der Verachtung alles Bestehenden endet.

Existenz ist vielmehr Freiheit zur Welt und findet ihre Erfüllung erst in der Aneignung und freien Übernahme der Daseinswirklichkeit als der geschichtlichen Bestimmtheit meiner selbst. Sie ist als meine faktische Gebundenheit im Ganzen der objektiven Geschichte zu ergreifen, wodurch diese erst für mich über ein bloß historisches Interesse hinaus sinnvoll wird und Existenz im Dasein erscheint.[40] „Diese *Einheit* meiner mit meinem Dasein als Erscheinung ist meine *Geschichtlichkeit,* ihrer *inne* zu sein, ist *geschichtliches Bewußtsein.*"

Terminologisch wird Geschichtlichkeit dann von Jaspers in enger Anlehnung an Kierkegaard als die im „Augenblick" sich entscheidende Einheit von faktischer Notwendigkeit und Freiheit, von zeitlicher Bestimmtheit und ewiger Gewissensentscheidung gefaßt, deren Maßstab der Gehalt eines geschichtlichen Grundes und deren Bewährung die „Treue" zum einmal Ergriffenen ist.[41]

Existieren als das den Augenblick konstituierende und als Freiheit sich vollziehende Selbstwerden darf nun aber nicht als monologischer Akt des Einzelnen verstanden werden, da es wesentlich nur möglich ist im dialogischen Verhältnis, von Jaspers als „existentielle Kommunikation" bezeichnet. Als „Selbstwerden mit dem Anderen" ist sie weder ein gemeinsames Verstehen von objektiv gültigen Inhalten noch die Vermittlung von Informationen, sondern Selbstmitteilung.[42] In ihr offenbart sich eigene Existenz dem Anderen als mögliche Freiheit, deren Anspruch an mich entsprechend ich werde, was ich sein kann. Kommunikation ist deshalb nicht ein nachträgliches In-Beziehungtreten zweier Seiender, die für sich schon sind, sondern sie sind erst in der jeweiligen Beziehung: Nur in der geschichtlichen Begegnung mit dem „Du selbst" werde ich „Ich selbst" und darin meiner Freiheit gewiß.[43] Freiheit, Kommunikation und geschichtliches Bewußtsein sind deshalb nur im Sprechen getrennte Momente eines Ganzen, das als „Ich selbst" ist.

Für Jaspers hängt aber nun alles an dem Aufweis, daß dieses Selbstwerden in der Bewegung des Transzendierens unlösbar gebunden ist an das Innewerden der Transzendenz als den jene Existenzbewegung ermöglichenden Grund. Er zeigt sich in der Erfahrung der Grenzsituationen, deren Grenze ja gerade ausdrückt, daß es ein anderes gibt, über das ich nicht verfügen kann, da ich in es schicksalhaft verfugt bin. So kann ich zwar *aus* dem Faktum, daß ich überhaupt ich selbst sein kann, eigentlich sein wollen, es selbst kann ich aber nicht mehr wollen. Diese meine Verfaßtheit, eigentlich sein zu können, ist vielmehr unbegründbares und nicht durch Freiheit erschaffbares „Geschenk“ der Transzendenz, vor der sich Freiheit erst eigentlich als endliche gewiß wird. Existenz weiß sich so von der Transzendenz geschenkt.

Deshalb kann Jaspers auch mit Kierkegaard sagen: „Existenz ist, was sich zu sich selbst und darin zu seiner Transzendenz verhält.“ [44] „Das, worin und wodurch wir da sind, ist die Welt. Das, worin und wodurch wir selbst und frei sind, ist die Transzendenz.“ „Ich bin Existenz nur in eins mit dem Wissen um die Transzendenz als um die Macht, durch die ich ich selbst bin.“ [45]

Transzendenz ist so der ermöglichende Grund von Existenz und diese der Ort des jeweiligen geschichtlichen Innewerdens von Transzendenz. Die Weise nun, wie Existenz sich unbedingt auf die Transzendenz bezieht, nennt Jaspers in Anlehnung an und zugleich im Unterschied zu Kierkegaard „philosophischer Glaube“.[46]

f) Die Transzendenz

Im Glauben wird Transzendenz für uns gegenwärtig, wobei diese Gegenwärtigkeit, weil an die jeweilige, unvertretbare Erfahrung einer Grenzsituation gebunden, weder durch das transzendierende Denken einholbar noch allgemeingültig aussagbar ist. Was gesagt werden kann, sind unbestimmte „Namen“ wie: Sein, Wirklichkeit, Gottheit und Gott, die als solche leer sind und erst in der „existentiellen Betroffenheit“ gehaltvoll werden. Sie benennen auch keinen Gegenstand, sondern Erfahrungen, in denen Transzendenz in geschichtlichen Entscheidungen „berührt“ und „fühlbar“ wird. Diese Seinsberührung als Aufschwung zum einen, persönlichen Gott ist aber nicht direkt, sondern nur in der symbolischen Vermittlung der „Chiffer“ möglich.

> Unsere mögliche Vollendung liegt in der *Vermittlung*. Der Aufschwung zum einen Gott geht durch die Welt der Erscheinungen. Die Verwandlung der Welt in eine Vermittlung zwischen uns und dem einen Gotte ist ihre Verwandlung in *Chiffersein*. Daß die Wirklichkeit selbst der eine Gott sei, erfahren wir nur indirekt in der Realität der Welt durch die Sprache der Welt. Wir erfahren es durch unseren Aufschwung im Innewerden der Chiffern, deren jede

uns keine Ruhe läßt, uns Abstoß zu weiterem Fluge wird. Gäbe es eine direkte Erfahrung vom einen Gotte, so wäre sie inkommunikabel und könnte sich selber in der Folge der Zeit doch wieder nur indirekt durch Erscheinungen in der Welt bestätigen, erinnern und vergewissern. Zum einen Gott gibt es nur einen Weg, auf dem uns alles, was ist, was uns begegnet, was wir selber sind und tun, transparent wird. Dieses Transparentwerden ist das Chifferwerden, und dieses Chifferwerden geht unabsehbar in die Tiefe wachsender Bedeutungen, deren keine einen Sinn abschließend wißbar vollendet ... Über alle Vermittlungen auf dem Wege hinausstrebend möchten wir *Gott selber erdenken.* Was wir so erreichen, sind doch immer nur wieder andere Chiffren der Gottheit. Aber Gott ist nicht Chiffre, sondern die Wirklichkeit selbst ... Ob ich Gott denke als das Eine und seine Emanationen; als den Keim, Ursprung, Grund der Entwicklung aller Dinge; als den Werkmeister oder Baumeister der Welt; als den Einen und seine Schöpfung aus dem Nichts; als Persönlichkeit; als Trinität — es ist immer dasselbe: alles ist bestenfalls Gleichnis und Zeiger.[47]

Chiffren sind demzufolge keine Zeichen, die auf einen jenseitigen Gott verweisen, sondern die Weise, wie der eine, unendliche Gott für den endlichen, existierenden Menschen in den welthaft Seienden sinnlich gegenwärtig wird, ohne darin in seinem An-sich faßbar zu sein, ein Satz, der selbst wiederum nur als Gleichnis verstanden werden darf. Jedes Seiende kann zur Chiffre Gottes werden und Realität ist für Existenz wesentlich Chiffre-Sein, dessen Auslegung deren unendliche Aufgabe ist als Lesen der Chiffrenschrift.

Gerade weil aber Transzendenz in den Chiffren nur für eine geschichtlich sich vollziehende Existenz gegenwärtig werden kann, so „muß auch die Erscheinung der Transzendenz für sie geschichtlich werden".[48] Deren Wahrheit läßt sich deshalb weder dogmatisch fixieren, denn das würde die Absolutsetzung von bestimmten Chiffren bedeuten und deren Verwechslung mit dem Sein selbst, noch an einem ausgezeichneten Ereignis der Geschichte festmachen, dessen Einzigartigkeit Geschichte gerade aufheben und den Begriff der Ausnahme vom Typus Kierkegaard aufstellen würde.

Hier zeigt sich, trotz aller Gleichheiten, wohl am deutlichsten die unüberbrückbare Kluft zwischen Kierkegaard und Jaspers, zugleich aber auch der Angelpunkt seiner Kritik der „Katholizität", da deren Behauptung der Einzigartigkeit des Gottmenschen und einer direkten Offenbarung Gottes, wie sie Inhalt des religiösen Glaubens ist, in einem unaufhebbaren Widerspruch zur Universalität des Chiffreseins und zur Unbedingtheit geschichtlicher Existenz stehe, die sich als philosophischer Glaube vollzieht.[49] Zwischen ihm und dem religiösen Glauben, zwischen Vernunft und Katholizität, zwischen dem Chiffrewerden aller Dinge und der christlichen Inkarnation ist deshalb eine Wahl zu treffen. Und „diese Wahl ist für das Philosophieren eine das Philosophieren selbst entscheidende, nämlich ob es stattfinden soll oder nicht“.[50]

g) Die Vernunft

Die Bewegung des Selbstwerdens durch alle Weisen des Umgreifenden hindurch im unbedingten, entschiedenen Sichverhalten zum Einen als Transzendenz setzt ein ursprüngliches Sichangehenlassenkönnen durch das Eine voraus. Dessen Vernehmen ermöglicht erst das Transzendieren der einzelnen Seienden und aller Weisen des Umgreifenden, zugleich aber auch deren Einigung. Diese, die Wahrheit von Existenz erst ermöglichende Offenheit für das Eine, die als Bewegung zu ihm ist, faßt Jaspers terminologisch als Vernunft, die damit auch das „Band“ aller Weisen des Umgreifenden ist.[51] Vernunft bringt nichts hervor und ist auch im Unterschied zu den Umgreifenden kein eigener Ursprung, sondern das jede Verstandesfixierung und Verstandeslogik überschreitende Denken als Wille zur Einheit (z. B. aller Wissenschaften) und zum ungeschichtlich-absoluten Einen. Vernunft wird so zum Antrieb des Philosophierens als Suche des Einen, deren methodischer Vollzug das Transzendieren und deren Selbsterhellung die Aufgabe einer „philosophischen Logik“ der Vernunft ist, ein Titel, unter dem Jaspers sein späteres Denken begriff.

Dazu sei abschließend eine Äußerung aus seinen letzten Jahren zitiert: „Vor Jahrzehnten habe ich von Existenzphilosophie gesprochen und damals hinzugefügt, es handle sich nicht um eine neue, nicht um eine besondere Philosophie, sondern um die eine, ewige Philosophie, der für einen Augenblick des Verlorenseins an das bloß Objektive der Kierkegaardsche Grundgedanke als Akzent gegeben werden dürfe. Heute möchte ich die Philosophie eher Philosophie der Vernunft nennen, weil es dringlich scheint, dies uralte Wesen der Philosophie zu betonen.“ [52]

Bibliographie

Die vollständige *Bibliographie der Werke Jaspers’* umfaßt über 400 Nummern. Sie kann hier nur in einer Auswahl wiedergegeben werden, wobei hinsichtlich der existenzphilosophisch bedeutsamen Werke auf Vollständigkeit geachtet wurde. Das bisher vollständigste Schriftenverzeichnis findet sich bei *K. Piper* (Hrsg.): Karl Jaspers. Werk und Wirkung. München 1963, S. 174 ff.

Eine *Bibliographie der Literatur über Jaspers* ist bisher noch nicht erschienen. Ein Verzeichnis der wichtigsten Schriften über Jaspers findet sich bei *H. Saner*: Karl Jaspers in Selbstzeugnissen und Bilddokumenten. Hamburg (Rowohlt) 1970, S. 170 ff.

Im folgenden wurden der Übersichtlichkeit halber die Schriften Jaspers' thematisch gruppiert.

I. Werke

a) Schriften zur Philosophie

Philosophie. 3 Bde. Berlin 1932. 3. unveränderte Aufl. Berlin-Göttingen-Heidelberg 1956.

Vernunft und Existenz. Groningen 1935. 5. Aufl. München 1973.

Existenzphilosophie. Berlin 1938. 3. Aufl. ebda. 1964.

Von der Wahrheit. Philosophische Logik, 1. Bd., München 1947. 2. Aufl. ebda. 1958.

Der philosophische Glaube. Zürich 1948. 6. Aufl. München 1974.

Vom Ursprung und Ziel der Geschichte. Zürich 1949. 4. Aufl. München 1963.

Einführung in die Philosophie. Zürich 1950. 14. Aufl. München 1972.

Vernunft und Widervernunft in unserer Zeit. München 1950. 2. Aufl. ebda. 1952.

Kleine Schule des philosophischen Denkens. München 1965. 3. Aufl. ebda. 1969.

Die Frage der Entmythologisierung. München 1954.

Der philosophiche Glaube angesichts der christlichen Offenbarung. In: Philosophie und christliche Existenz. Festschrift für H. Barth. Basel-Stuttgart 1960.

Der philosophische Glaube angesichts der Offenbarung. München 1962. 2. Aufl. ebda. 1963.

Philosophie und Welt. Reden und Aufsätze. München 1958. 2. Aufl. ebda. 1963.

Philosophische Aufätze. Frankfurt-Hamburg (Fischer-Bücherei Nr. 803).

Chiffren der Transzendenz. München 1970. 2. Aufl. ebda. 1972.

b) Schriften zur Geschichte der Philosophie

Nietzsche. Berlin 1936. 3. Aufl. ebda. 1950.

Descartes und die Philosophie. Berlin 1937. 4. Aufl. ebda. 1966.

Schelling. München 1955.

Die großen Philosophen. München 1957. 2. Aufl. ebda. 1959.

Nikolaus Cusanus. München 1964.

Aneignung und Polemik. München 1968.

c) Schriften zur Psychologie

Allgemeine Psychopathologie. Berlin 1913. 8. Aufl. Berlin-Heidelberg 1965.

Psychologie der Weltanschauungen. Berlin 1919. 6. Aufl. Berlin-Heidelberg-New York 1971.

Gesammelte Schriften zur Psychopathologie. Berlin-Göttingen-Heidelberg 1963.

d) Schriften zur Politik

Die geistige Situation der Zeit. Berlin 1931. 11. Aufl. ebda. 1965.

Die Atombombe und die Zukunft des Menschen. München 1958. 5. Aufl. ebda. 1962.

Hoffnung und Sorge. Schriften zur deutschen Politik 1945—65. München 1965.

Wohin treibt die Bundesrepublik? München 1966.

Antwort. Zur Kritik meiner Schrift „Wohin treibt die Bundesrepublik?“. München 1967.

e) Autobiographische Schriften

Schicksal und Wille. Autobiographische Schriften. München 1967.

II. Literatur über Jaspers

Für die Literatur über Jaspers ist ein sehr unterschiedliches Niveau sowie eine zum Teil stark apologetische bzw. polemische Prägung kennzeichnend, während fachphilosophische Erörterungen in der Minderzahl sind. Auf sie sei im folgenden verwiesen.

Dufrenne, M., et Ricoeur, P.: Karl Jaspers et la phisophie de l'existence. Paris 1947. (Eine der bedeutungsvollsten Werke über Jaspers, dessen Denkintentionen nicht nur in Form eines verstehenden Nachvollzugs dargestellt, sondern auch in einer kritischen Reflexion geprüft werden.)

Hersch, J.: Die zerstörte Illusion. Die Philosophie von Karl Jaspers. In: Die Illusion. Der Weg der Philosophie. München 1956, S. 97 ff. (Hersch gibt, ebenso wie Stegmüller, eine knappe, einführende Gesamtdarstellung Jaspers'.)

Stegmüller, W.: Karl Jaspers. In: Hauptströmungen der Gegenwartsphilosophie. Stuttgart [3]1965, S. 195 ff.

Saner, H. (Hrsg.): Karl Jaspers in der Diskussion. München 1973. (Das Werk orientiert über die Geschichte der Jaspers-Rezeption. In ihm ist auch als eines der frühesten Dokumente der deutschen Existenzphilosophie M. Heideggers Untersuchung ›Anmerkungen zur ‚Psychologie der Weltanschauungen‘‹ erstmals veröffentlicht.)

Schilpp, P. A. (Hrsg.): Karl Jaspers. Philosophen des 20. Jahrhunderts. Stuttgart 1957. (Der bedeutsame Sammelband von Schilpp gibt nicht nur einen guten Einblick in die Diskussion der Philosophie Jaspers', sondern ist auch durch dessen Erwiderung auf die einzelnen Beiträge wertvoll.)

Schneiders, W.: Karl Jaspers in der Kritik. Bonn 1965 (Das Werk gibt über Bedeutung und Wirkung der Jaspersschen Philosophie in Form einer Besprechung der deutschen philosophischen Literatur über Jaspers seit 1933 Auskunft.)

3. Jean-Paul Sartre (*1905)

Einleitung

In den dreißiger Jahren glaubte Sartre, sich des Zuspruchs, den der Existentialismus als Modeströmung gefunden hatte, dadurch erwehren zu müssen, daß er dessen fachphilosophischen und unpopulären Charakter betonte, während heute das Aufsehen von damals kaum mehr verständlich ist. Als zum Teil von Sartre selbst provozierte und sich in Tagesweltanschauungen niederschlagende Reaktion auf seine Romane, Dramen und Essays gehört es der Vergangenheit an.[1] Es ist ruhig geworden um den „Trommler" des Existentialismus, die Emotionen sind der philosophischen Auseinandersetzung mit seinem theoretischen Werk gewichen.[2]

Dessen Anfänge liegen weit zurück und werden von dem Aufsatz ›La transcendance de l'ego‹ (1936) und einer im gleichen Jahr veröffentlichten historischen Studie über die Theorien der Phantasie (›L'imagination‹) sowie durch das systematische Werk ›L'imaginaire‹ (1940) markiert. Der Einfluß der Husserlschen Phänomenologie ist unverkennbar, und Sartres Bindung an sie sowie deren kritische Umgestaltung durch ihn ist vor allem durch sein Bemühen um eine Theorie motiviert, die den Gegensatz von Realismus und Idealismus zu überwinden und das Subjekt als Nicht-Substanz zu begreifen gestattet. Beides versprach Husserls Theorie der Intentionalität und des Bewußtseinsstromes zu leisten, für Sartre jedoch ungenügend, insofern Husserl das Ich in seiner Egologie zu einer Subjekt-Entität mache, wogegen sich der Aufsatz von 1936 kritisch wendet.[3]

In diese Zeit fällt auch die Berührung mit M. Heidegger, dem Sartre im Versuch der Überwindung des Substantialismus nahesteht, ohne dabei die Pointe der Heideggerschen Phänomenologie, die Verabschiedung des cogito, zu teilen.[4]

Auf dem Boden einer derart radikalisierten und umgebildeten Phänomenologie und weniger im direkten Zugang über die französische Hegeltradition vollzieht sich, etwa ab 1939, auch die Aneignung Hegels. Sie findet äußerlich ihren Niederschlag in der Übernahme zentraler Leitbegriffe aus Hegels Logik wie „An-sich", „Für-sich" usw. und in deren Umformung unter dem Kriterium phänomenologischer Methodik.

Zugleich formte aber Hegels Lehre von der Negation und vom Bewußtsein als Negativität entscheidend die philosophische Position Sartres, so daß sein 1943 erschienenes Hauptwerk ›L'être et le néant‹

mit dem Untertitel: „Versuch einer phänomenologischen Ontologie“ ebenso Hegel[5] verpflichtet ist, wie es ein Fazit aus Kierkegaard,[6] vor allem aber aus Husserl und Heidegger[7] darstellt, was die Lektüre des Werkes entsprechend erschwert. Wenn sich die folgende Darstellung vor allem an ihm orientiert, so deshalb, weil hier, jenseits des Existentialismus, der Versuch der phänomenologischen Grundlegung einer Philosophie der Existenz unternommen wird und die in den Streitschriften und Dramen vorgetragenen Thesen ihre Begründung finden.[8] Ihre Erörterung gliedert sich dementsprechend in Anlehnung an die Disposition von ›Das Sein und das Nichts‹ und beginnt mit der Diskussion des Sartreschen Phänomenbegriffs (I), der auf ein Bewußtsein verweist, das als nichtendes Bewußtsein sein eigenes Nichts (II) ist. Dessen Bedingung liegt in der Freiheit (III), die als Entwurf vollzogen, in der Angst (IV) bewußt und durch den Anderen (V) begrenzt wird. Zugleich wird in diesem letzten Kapitel noch auf Sartres Versuch, den Existentialismus im Marxismus zu situieren, eingegangen (VI).

I. Das Phänomen

Dem Cartesianismus seines Landes verpflichtet, setzt Sartres ontologische Reflexion mit der Frage nach einem apodiktisch gewissen und letzten Urteilsboden ein, der im ego cogito gefunden wird, vor dem der naive Seinsglaube ebenso seine Gültigkeit verliert wie Sein und Seiendes ihre natürliche Erfahrungsevidenz: Sie werden durch ein universales Außergeltungsetzen aller Seinsstellungnahmen, der phänomenologischen „Epoche“, nicht mehr als einfach seiend, sondern als Seinsphänomene angesehen, d. h. als etwas, was nur *für* das reine Bewußtsein als ego cogito Geltung besitzt und nicht außerhalb seiner. „Phänomen“ darf deshalb auch nicht als „Erscheinung von etwas“ verstanden werden, das als Grund der Erscheinung selbst nicht erscheint, etwa wie das Kantsche „Ding an sich“, vielmehr ist das Phänomen nur sich selbst oder andere Phänomene anzeigend, und das Sein des Seienden ist deshalb genau das, was es zu sein scheint. Es gibt keine „Innenseite“ der Dinge mehr, die sich dem Blick entzieht und die deren wahre Natur oder eigentliches Wesen ausmachen soll. Das Sein hinter der Erscheinung ist eine Illusion. Damit fällt auch der Dualismus zwischen Akt und Potenz, Wesen und Erscheinung. Sie verbirgt nicht das Wesen, sondern enthüllt es, insofern dieses als der Grund der Reihe der Erscheinungen deren Aufeinanderfolge und Anordnung leitet und damit selbst Erscheinung ist. Um ein verdeutlichendes Beispiel zu bringen:

Unter Genie ist in der Konsequenz dieser Auffassung nicht „eine besondere Fähigkeit, gewisse Werke zu schaffen, zu verstehen, eine Fähigkeit, die sich in der Schaffung dieser Werke gerade nicht erschöpft. Prousts Genie, das ist weder das für sich allein betrachtete Werk noch das persönliche Können, es zu schaffen: es ist vielmehr das Werk, betrachtet als die Gesamtheit der Kundgebungen der Person".[9]

Die Erscheinung wird also von keinem von ihr unterschiedenen Seienden getragen, sie hat aber ihr eigenes Sein, das Sein des Phänomens, eine für Sartre grundlegende Unterscheidung. Selbst nicht Phänomen und deshalb auch nicht identisch mit dem Seinsphänomen, ist das Sein des Phänomens vielmehr die Voraussetzung jeder Enthüllung, die Bedingung dafür, daß überhaupt etwas als etwas dem Bewußtsein erscheinen kann. Wenn jedoch das Sein des Phänomens Bedingung der Erscheinung ist, so ergibt sich daraus ein zweifaches: zum einen darf es nicht in eine Bewußtseinsgegebenheit, das „esse" also nicht idealistisch in ein „percipi" aufgelöst werden, insofern das Sein über die Erkenntnis, die man von ihm gewinnt, hinausgeht und sie stiftet, und zum anderen muß dieses Sein als Begründung des Phänomens transphänomenal sein. Damit ist aber nicht etwa ein geistiges Sein „hinter" oder „jenseits" der Phänomene gemeint, sondern das Sein dieses Tisches, „ganz allgemein das Sein der Welt, die ins Bewußtsein einbezogen ist. Das Bewußtsein verlangt ganz einfach, daß das Sein dessen, was *erscheint*, nicht *nur* existiert, insofern es erscheint. Das transphänomenale Sein dessen, was *für das Bewußtsein* da ist, ist selbst *an sich* da".[10] An-sich-sein heißt: nicht *für* uns sein, nicht als Erscheinung *für* das Bewußtsein sein.

Demzufolge läßt dieses An-sich als Sein des Seienden per definitionem auch keine Aussage zu. Erfahrbar und explizierbar ist nur der Sinn dieses Seins, soweit er sich dem Bewußtsein im direkten Zugang, etwa des Ekels oder der Langeweile enthüllt und als Seinsphänomen beschreibbar wird. An ihm lassen sich nun folgende Eigentümlichkeiten des An-sich feststellen.

1. Das Sein ist an sich, d. h. es ist nicht geschaffen, weder Aktivität noch Passivität, weder Bejahung noch Verneinung.
2. Das Sein ist, was es ist, d. h. es verweist weder auf sich noch auf anderes, das es nicht ist, alle Übergänge und Grenzen sind ausgeschlossen.
3. Das An-sich-Sein *ist*, d. h. es ist weder vom Möglichen ableitbar noch auf das Notwendige reduzierbar. Beides sind Bestimmungen, deren begriffliche Fassung bereits die nur dem Bewußtsein eigene Kraft der Negation voraussetzen würde. Bewußtsein hingegen ist

konstitutiv für den Menschen, und Sartre begreift es als Einheit von cogito und praereflexivem cogito, nämlich als Fürsichsein, als Existenz und als Nichts.

II. Das Nichts

Auf dem Grunde ihres Seins erscheinen die Seienden dem Bewußtsein. Dessen Seinsgrund muß demzufolge der Phänomenbedingtheit entgehen, transphänomenal sein, da andernfalls die Sequenz eines infiniten Regresses gelten würde: Bewußtsein des Bewußtseins usw., d. h. man kann das Bewußtsein nicht nach dem Modell: Erkennender—Erkanntes begreifen. „Das Bewußtsein von sich selbst ist nicht paarig. Wenn wir die Regression ins Unendliche vermeiden wollen, muß das Bewußtsein unmittelbarer Bezug sein, nicht aber gedanklich von sich zu sich." [11] Dieser unmittelbare, vorreflexive und nicht setzende Bezug des Bewußtseins zu sich ist im praereflexiven cogito gegeben, das demzufolge Bewußtsein seiner Existenz ist. Da die Setzung jedes Wesens bereits das Faktum des Bewußtseins voraussetzt, muß es sich selbst voraussetzen und sein Wesen in seiner Existenz liegen, oder im späteren Schlagwort formuliert: muß die Existenz der Essenz vorausgehen, womit zunächst nur gemeint ist: „das Bewußtsein existiert durch sich selbst".[12] Es ist Grund seines bewußten Seins als seiner Existenz, ohne jedoch seine Anwesenheit begründen zu können, was mit dem Terminus der „faktischen Notwendigkeit" ausgedrückt wird. Damit ist eine erste Charakteristik des Menschen als Bewußtsein gegeben:

a) Bewußtes Dasein ist vorgängig Existenzbewußtsein.
b) Das Wesen des Menschen, zu dem er sich selbst bestimmt, muß aus seiner Existenz begriffen werden.

Die Erörterung der Bedingung der Möglichkeit dieser Selbstbestimmung führt Sartre zum Problem des *Nichts*. Dieses darf nun nicht als bloßes Abstraktum im Sinne der begrifflichen Einheit der negativen Urteile verstanden werden, vielmehr setzen diese ein jedem Urteilsakt vorausgehendes Verständnis des Nichtseins bereits voraus. Den Beleg dafür erbringt Sartre durch die Analyse des Fragens als einer „Ur-verhaltensweise" des Menschen.[13] Jedem Urteil vorausgehend und es begründend setzt das Fragen als seine Bedingung schon immer ein Nichtsein voraus: die beständige und objektive Möglichkeit einer negativen Antwort, einer nicht erfüllten Erwartung bzw. leeren Intention. Als Frager stellt sich deshalb der Mensch als das Seiende dar, durch das das Nichts in die Welt kommt und als Phänomen inmitten des Seins entdeckt werden kann.

Sartre erhärtet diese These in der beispielhaften phänomenologischen Deskription und Analyse einer Erwartungssituation. Die Analyse ist deshalb in Kürzung wiedergegeben.

Ich bin mit Peter für um vier verabredet. Ich komme eine Viertelstunde zu spät hin: Peter ist immer pünktlich; hat er auf mich gewartet? Ich blicke im Lokal umher, sehe mir die Gäste an und sage: „Er ist nicht da.“ Liegt hier eine unmittelbare Erkenntnis der Abwesenheit Peters vor, oder aber tritt die Negation erst mit dem Urteil auf? Auf den ersten Blick erscheint es ungereimt, hier von unmittelbarer Erkenntnis zu reden, denn es kann doch keine unmittelbare Erkenntnis von *nichts* (rien) geben, und die Abwesenheit Peters ist dieses nichts (rien). Indessen wird diese unmittelbare Erkenntnis von der Volksmeinung bezeugt. Sagt man zum Beispiel doch: „Ich habe sofort gesehen, daß er nicht da war.“ Handelt es sich um eine einfache Verschiebung der Verneinung? Sehen wir genauer zu.

Sicher ist das Café als solches, mit seinen Gästen, seinen Tischen und Stühlen, seinen Spiegeln, seiner Beleuchtung, seiner rauchigen Luft, dem Lärm der Stimmen und dem Geklapper der Untertassen, dem Geräusch der Schritte, die es erfüllen, ein vollständiges Seiendes. Und alle unmittelbaren Einzelerkenntnisse, die ich haben kann, sind erfüllt von diesen Gerüchen, Klängen, Farben, lauter Phänomenen, die ein transphänomenales Sein besitzen. Ebenso ist die augenblickliche Anwesenheit Peters an einem Ort, den ich nicht kenne, auch eine Seinsfülle. Anscheinend finden wir das Vollständige (le plein) überall. Aber man muß beachten, daß es in der Wahrnehmung immer Konstituierung einer Gestalt auf einem Hintergrunde gibt. Kein Gegenstand und keine Gruppe von Gegenständen ist speziell dazu bestimmt, Hintergrund oder Gestalt zu werden: alles hängt von der Richtung meiner Aufmerksamkeit ab. Wenn ich in jenes Café eintrete, um dort nach Peter zu suchen, bilden alle Dinge, aus denen das Café besteht, synthetisch einen Hintergrund, vor welchem Peter gegeben ist als der, der erscheinen soll. Und diese Bildung des Cafés zu einem Hintergrund ist schon eine erste Nichtung. Jedes Raumelement, jede Person, jeder Tisch, jeder Stuhl ist bestrebt, sich zu vereinzeln, sich von dem aus der Gesamtheit der anderen Gegenstände errichteten Hintergrunde abzuheben und fällt dennoch in die Undifferenziertheit dieses Hintergrundes zurück, löst sich in ihm auf . . .

Und diese Nichtung ist meiner unmittelbaren Erkenntnis gegeben, ich bin Zeuge dafür, wie nacheinander alle Gegenstände vergehen, die ich betrachte, vor allem die Gesichter, bei denen ich einen Augenblick verweile („Ist das etwa Peter?“) und die sich sofort auflösen, eben weil sie Peters Gesicht „nicht sind“ . . .

Tatsächlich ist Peter von dem *ganzen Café* abwesend; seine Abwesenheit läßt das Café bei seinem Dahinschwinden erstarren, das

Café bleibt *Hintergrund*, es verharrt dabei, sich bloß meiner Grenz-Aufmerksamkeit als undifferenzierte Ganzheit darzubieten, es gleitet nach rückwärts, es läuft seiner Nichtung nach. Es macht sich zum Hintergrund nur für eine bestimmte Gestalt, es hält die Gestalt allenthalben vor sich hin, es bietet sie mir überall dar; und diese Gestalt, die sich dauernd zwischen meinen Blick und die zuverlässigen, realen Dinge des Cafés schiebt, die gerade ist ein ununterbrochenes Dahinschwinden, sie ist Peter, der sich als nichts (néant) vom Nichtungshintergrunde des Cafés abhebt. Derart, daß das der unmittelbaren Erkenntnis Dargebotene ein Flimmern (papillotement) des Nichts ist, das Nichts des Hintergrundes, dessen Nichtung die Erscheinung der Gestalt herbeiruft und fordert, und die Nichts-Gestalt, die wie ein *nichts* (rien) auf der Oberfläche des Hintergrundes umhergleitet. Was dem Urteil als Grundlage dient (Peter ist nicht da), das ist also tatsächlich das intuitive Erfassen einer zweifachen Nichtung.[14]

Die Erwartung enthüllt die Nichtung und läßt sie in der Situation geschehen als ein Ereignis, das real ist und nicht bloß gedacht wie etwa im Falle des bloß negativen Urteils: „Wellington ist nicht im Café.“ Damit ist gezeigt: das Nichtsein entspringt nicht dem negativen Urteil, sondern trägt es, d. h. das Nichtsein ist ontologisch zu bestimmen. Die nichtende Kraft dieses Nichtseins muß deshalb in einem Sein liegen, das sich, wie z. B. in der Frage, zu seinem Sein verhalten kann, weil es sein eigenes Nichts ist.

Von dieser Art ist das Bewußtsein, das als nichtendes Bewußtsein Nichtungsbewußtsein ist, oder anders ausgedrückt: „Das Bewußtsein ist ein Seiendes, für das es in seinem Sein Bewußtsein des Nichts seines Seins gibt.“ [15] Daraus ergeben sich folgende Bestimmungen:

a) Menschliches Sein als Bewußtsein ist genichtetes Sein und durch die Nichtung zu sich in ein Verhältnis gesetzt. Dieses Sein ist nicht „ansich“, es ist nicht das, was es ist, sondern Distanz und Bezug zu sich = „fürsich“,[16] oder wie Sartre etwas überpointiert sagt: Das Für-sich ist nicht das, was es ist und es ist das, was es nicht ist.[17]
b) Das Sein des Menschen ist deshalb nicht von der Art der innerweltlich Seienden, die sind, was sie sind, sondern sein Sein ist dergestalt, daß es ihm um dieses Sein selbst geht, insofern er es zu sein hat.

Dieser Bezug zu sich selbst als Bedingung der Nichtung und der Möglichkeit, ein Nichts aus sich hervorzubringen, sich aus dem Kreislauf des Seienden, den Kausalreihen, zu lösen, wird von Sartre in Anlehnung an Descartes als Freiheit bestimmt, worauf im folgenden genauer einzugehen sein wird.

III. Die Freiheit

Als Freigesetztsein vom Gegebenen und Bedingung der Nichtung ist Freiheit konstitutiv für das menschliche Sein und kann deshalb nicht als dessen Eigenschaft oder Fähigkeit verstanden werden: „Der Mensch ist keineswegs *zunächst,* um *dann* frei zu sein, sondern es gibt keinen Unterschied zwischen dem Sein des Menschen und seinem ‚Freisein'", er ist, im Schlagwort formuliert, „verurteilt, frei zu sein". Wenn aber Freiheitsbewußtsein das Sein des Bewußtseins ist und dessen Existenz seiner Essenz vorweg ist, so geht die menschliche Freiheit „dem Wesen des Menschen voraus und ermöglicht es, das Wesen des menschlichen Seins ist hineingehalten in dessen Freiheit".[18] Freiheit ist jedoch nicht abstrakt als ein allgemeines Nicht-Determiniertsein zu verstehen, sondern sie ist als je meine und sich nur in der jeweiligen *Situation* realisierende, bestimmte Freiheit. Sie ist nichts Gegebenes, sondern nur in der Wahl ihrer selbst, die gerade geschieht, und im *Entwurf,* in dem Freiheit sich pro-jektiert und bestimmt.[19] Beide sind der Situation konstituierende Vollzug der Freiheit, d. h., „es gibt Freiheit nur in Situation, und es gibt Situation nur durch Freiheit".[20] Situation ist der Modus des In-der-Welt-seins der Freiheit, ihr Bezug zum Gegebenen, dem An-sich, und dessen Enthüllung, durch die es zum „Für-uns" wird. Das Für-sich ist deshalb identisch mit einem einmaligen, nicht mehr reduzierbaren Urentwurf, den Sartre „Seinsentwurf" nennt und als ursprüngliche Wahl unseres Seins bestimmt, deren Explikation Aufgabe einer „existentiellen Psychoanalyse" ist.[21]

Der Entwurf selbst ist dabei als das Insgesamt der durch die Freiheit projektierten Ziele zu verstehen, die die Dinge in einen Verweisungs- und Bedeutungszusammenhang stellen, wodurch die Welt für uns Gestalt gewinnt als unsere einmalige Chance.[22] Die entwerfende Freiheit legt den Dingen eine Bedeutung bei, die sie erst zu Dingen macht und das Gegebene als „dieses Gegebene-hier" existieren läßt. Vorher gibt es weder ein Hier und Jetzt, noch ein Dies und Das. Zugleich stellt aber dieses Gegebene die durch die Freiheit enthüllte Grenze der Freiheit, deren Faktizität, Geworfenheit, Kontingenz und Endlichkeit dar, worunter von Sartre verstanden wird.[23]

a) Die Notwendigkeit zu wählen, d. h. frei zu sein.
b) Mein Platz als die absolute Tatsache meines Da-seins. Ich bin *da*: nicht hier, sondern *da*.
c) Mein Dasein als Leib inmitten der Welt.[24]
d) Meine Vergangenheit als die Unabänderlichkeit der Vergangenheit meiner Wahl.

e) Meine Umgebung als das Insgesamt der Zeug-Dinge, die unbeeinflußbar für und gegen mich ihre Wirkfähigkeit entfalten.
f) Mein Nächster, dessen Freiheit die Grenze der meinen ist.
g) Mein Tod, der als mögliche Nichtung meiner Möglichkeiten außerhalb meiner Möglichkeit steht.

Es hat den Anschein, als ob in diesen Bestimmungen der Faktizität des Menschen dessen Endlichkeit ernst genommen und das Subjekt in seine Grenzen verwiesen wird. Jedoch das Gegenteil ist der Fall, und hier wird die Pointe des Sartreschen Ansatzes sichtbar, in dem die Freiheit des einzelnen offensichtlich absolut gesetzt ist.

Zwar ist die Freiheit nicht Grundlage ihres Seins, sondern nur dessen notwendige Wahl, jedoch scheint diese faktische Notwendigkeit der Freiheit, wählen zu müssen, ohne sich begründen zu können, ihre einzige Begrenzung zu sein. Jede andere Grenze ist als solche nur für die Freiheit und durch sie konstituiert, insofern es die im jeweiligen Entwurf enthüllte Grenze dieses Entwurfes ist, dessen Änderung sie zum Verschwinden bringt, jedoch um den Preis der Enthüllung einer neuen Begrenzung, die ihrerseits wieder überschritten werden kann usw. Als Beispiel dafür sei Sartres Interpretation der „Kontingenz meines Platzes“ zitiert:

> Es würde also nichts nützen, zu sagen, ich hätte auf Grund der Tatsache, daß ich ein kleiner Beamter in Mont-de-Marsan bin, *nicht die Freiheit,* nach New York zu fahren. Vielmehr *placiere* ich mich in bezug auf mein Vorhaben, nach New York zu fahren, in Mont-de-Marsan. Meine Stelle in der Welt, die Beziehungen Mont-de-Marsans zu New York und zu China wären ganz andere, wenn es zum Beispiel meine Absicht wäre, ein reicher Landwirt in Mont-de-Marsan zu werden. Im ersten Fall erscheint Mont-de-Marsan auf dem Hintergrund der Welt in lebendiger Verbindung mit New York, Melbourne und Schanghai; im zweiten Falle ragt es aus dem Grunde einer undifferenzierten Welt heraus. Was die *reale* Bedeutsamkeit meiner Absicht, nach New York zu fahren, anlangt, so entscheide ich allein darüber: das kann ganz gut bloß eine Art und Weise sein, mich als mit Mont-de-Marsan unzufrieden zu erwählen; in diesem Falle wird alles auf Mont-de-Marsan hin zentriert, und ich empfinde einfach das Bedürfnis, meinen Platz fortwährend zu nichten, in fortwährendem Abstandnehmen in bezug auf die Gemeinde, in der ich wohne, zu leben — das kann aber auch ein Vorhaben sein, für das ich mich ganz und gar einsetze.[25]

Diese beständige Möglichkeit der inneren Verneinung des Gegebenen in einem infiniten transcensus begründet, daß „meine Freiheit . . . ganz und unendlich“ bleibt und deshalb weder durch den Tod noch durch einen Gott limitiert werden kann, so daß sie nie auf eine Grenze trifft und treffen darf, die nicht sie selbst ist.[26]

Die Konsequenz einer so verstandenen Freiheit ist, daß dem schärfsten Ausdruck der Endlichkeit des Menschen, seiner Sterblichkeit, die Spitze genommen ist, wie umgekehrt ihre Umdeutung die Absolutsetzung der Freiheit ermöglicht, ein Weg, den Sartre beschreitet.

Polemisch bemerkt er gegen Rilke und Heidegger, daß vom Standpunkt des cogito nicht vom Tod als je meinem Tod, als der unüberholbaren und eigensten Möglichkeit des einzelnen gesprochen werden kann, sondern nur von *dem* Tod als der allgemeinen und unerwartbaren Grenze des Lebens. Erst durch meinen ausdrücklichen Entwurf wird er zum einmaligen Ereignis *meines* Todes, erst meine Subjektivität, wie sie vom praereflexiven cogito bestimmt wird, „macht aus meinem Tode ein unersetzbares Subjektives und nicht der Tod ist es, der meinem Für-sich die unersetzbare Selbstheit verleiht". Dies deshalb nicht, weil der Tod als totale Nichtung meiner Möglichkeiten selbst kein Teil dieser Möglichkeiten ist, sich außerhalb ihrer und damit der Freiheit befindet. Das heißt, der Tod gehört nicht zur ontologischen Struktur des Für-sich. Als absolutes Jenseits meiner Freiheit kann der Tod weder meinen Entwurf einholen: „Ich entrinne selbst dem Tod in meinem Entwurf", noch von ihm eingeholt werden. Sterblich- und Totsein sind deshalb nicht *meine* Möglichkeit, sondern die des Anderen: für ihn bin ich als „Sterblicher" gegenwärtig und für ihn ist „tot" der künftige Sinn meiner Gegenwart.

Die Endlichkeit des einzelnen und seine Freiheit gründet somit nicht in seiner Sterblichkeit, sondern in der begrenzenden Freiheit des Anderen, für den ich sterblich bin. Somit gibt es auch „keinen Unterschied zwischen der Wahl, durch die die Freiheit ihren Tod als unfaßliche und unbegreifliche Begrenzung ihrer Subjektivität auf sich nimmt, und derjenigen, durch die sie wählt, eine Freiheit zu sein, die durch die Tatsache der Freiheit des Anderen begrenzt ist". Endlichkeit ist damit vorgängig in der Intersubjektivität fundiert, letztlich jedoch mit der Selbstlimitation der Freiheit identisch, insofern deren Wahl immer bestimmte, andere Möglichkeiten ausschließende Wahl ist. Selbst im Falle einer angenommenen Unsterblichkeit, so argumentiert Sartre, müßte ich, wenn ich die Möglichkeit A verwirkliche, die Möglichkeit B vorübergehen lassen, die sich zwar nachher wieder bietet, aber gerade deshalb nicht mehr dieselbe ist. Als diese ist sie wegen der Unumkehrbarkeit der Zeit unwiederbringlich vorbei, ein Faktum, das, notwendig mit der Wahl gesetzt, die Begrenzung und Endlichkeit der Freiheit als entwerfende darstellt. Und das besagt: Wählen ist als „sich verendlichen" identisch mit der „Erschaffung der Endlichkeit", weshalb der Mensch endlich bleiben würde, „auch wenn er unsterblich wäre".[27]

Ist damit aber nicht ein von wesentlichen Dimensionen menschlicher Existenz purgierter und sie nivellierender Begriff der Endlichkeit gegeben? Gerade die Fiktion einer nicht durch Sterblichkeit konstituierten Endlichkeit zeigt dies deutlich: für sie wird Zeit zur bloß unendlichen Sukzession, in der jede Entscheidung der Freiheit ihre Bedeutung verliert, weil es kein Versäumnis, keine endgültig verlorene Gelegenheit und damit auch keine einmalige Chance mehr gibt.[28] Alles kann verschoben und jeder Fehler in der unendlich zur Verfügung stehenden Zeit wiedergutgemacht werden. Diese zerfällt somit in gleichgültige Zeitmomente, da der Gegenwart stiftende, Vergangenheit und Zukunft scheidende Augenblick der Entscheidung, das „jetzt oder nie“, fehlt. Beliebig aufschiebbar bzw. durch andere Entwürfe ersetzbar, hat sie ihren Ernst verloren und wird zur Farce, wenn ihre Endlichkeit nur darin liegt, daß sich der einzelne nicht nicht entscheiden kann.

Dieselbe Überlegung gilt für eine Freiheit, der der Tod wie bei Sartre äußerlich ist: für sie wird die Zeit zum neutralen, jederzeit verfügbaren Medium der Verwirklichung des Subjekts, dessen Autonomie und Selbstmächtigkeit darin absolut gesetzt sind, so daß der Mensch nichts anderes ist „als wozu er sich macht“.[29] Eine zum Schlagwort geronnene Formel, deren Umfang somit nur im Hinblick auf ein bestimmtes Verständnis des Todes expliziert werden kann. Die Genese dieser Formel soll hier nochmals kurz rekapituliert werden:

Ergebnis der phänomenologischen Analyse war: der Mensch ist nicht ein komplettes Seiendes, das ist, was es ist, sondern er ist Anwesenheit bei sich, steht zu sich im Verhältnis, worin seine Freiheit liegt. Diese ist nicht das Sein des Menschen, sondern sein Nichts an Sein, weshalb er gezwungen ist, sich zu machen, anstatt zu sein.

„Sich machen“ heißt „sich zeitigen“, was im Vollzug des Situation konstituierenden Entwurfs geschieht, durch den Handlungen motiviert und Bedeutungszusammenhänge enthüllt werden.

Der Wecker, der morgens klingelt, weist auf die Möglichkeit hin, an meine Arbeit zu gehen, die *meine* Möglichkeit ist. Aber den Ruf des Weckers als Ruf erfassen, das bedeutet: aufstehen. Der Akt des Aufstehens selbst ist also beruhigend, denn er weicht der Frage aus: „ist die Arbeit *meine* Möglichkeit?“, und er versetzt mich folglich nicht in die Lage, die Möglichkeit des Quietismus zu wählen, nämlich die der Zurückweisung der Arbeit und schließlich die der Abweisung der Welt und die des Todes. Kurz, in dem Maße, in dem die Sinnerfassung des Klingelns gleichbedeutend ist mit auf seinen Ruf hin schon aufsein, bewahrt mich diese Erfassung vor der angstmachenden unmittelbaren Erkenntnis, daß ich es bin, der dem Wekker seine Forderung verleiht: ich und ich allein.[30]

Zugleich ist aber damit gesagt, daß dem einzelnen zunächst und zumeist der Entwurfcharakter seines In-der-Welt-seins und damit seine Freiheit verborgen ist. Ihr Bewußtwerden geschieht in der Angst, die die Seinsweise der Freiheit als Seinsbewußtsein ist.

IV. Die Angst

Wie die obige Darstellung zeigte, besteht nach Sartre das Wesen des Menschen in seiner Wesenlosigkeit, das heißt in seiner Freiheit. Dies darf jedoch nicht so verstanden werden, als würde der einzelne deshalb schon immer aus Freiheit handeln und sich aus ihr verstehen, vielmehr befindet er sich in seiner Durchschnittlichkeit und Alltäglichkeit beständig auf der Flucht vor ihr und in der Verweigerung ihrer Übernahme. Diese Wahl der Freiheit oder das Ausweichen vor ihr sind, wie der gleichnamige Titel der Roman-Trilogie anzeigt, „die Wege der Freiheit". Sie finden in den Erzählungen, Dramen und Romanen Sartres ihre konkrete Exemplifikation, die zugleich die Darstellung möglichen Freiheitsbewußtseins als Angst ist. Ihre ontologische Dignität erhält sie hingegen durch die in Anlehnung an Kierkegaard konzipierte Bestimmung als „Angst vor dem Nichts", worin sie von der Furcht unterschieden ist, die immer Furcht vor etwas ist.

Angst dagegen ist „Angst vor mir selbst", der ich meine Möglichkeit bin als Freiheit und Bewußtsein, das durch das Nichts von seinem Wesen abgeschnitten ist.

> Eine Situation, die Furcht hervorruft, insofern sie die Gefahr enthält, von außen her mein Leben und mein Sein zu verändern, ruft die Angst hervor in dem Maße, in dem ich meinen eigenen Reaktionen dieser Situation gegenüber mißtraue. Die Artillerievorbereitung, die dem Angriff vorausgeht, kann bei dem Soldaten, der die Beschießung über sich ergehen lassen muß, Furcht hervorrufen; die Angst dagegen beginnt bei ihm, wenn er sich sein Verhalten auszumalen versucht, das er der Beschießung entgegensetzt, wenn er sich also fragt, ob er es wird „aushalten" können. Ebenso kann der Einberufene, der zu Beginn des Krieges wieder zu seinem Truppenteil kommt, Furcht vorm Tode haben; aber viel öfter hat er „Furcht, sich zu fürchten", daß er sich vor sich selbst ängstigt.[31]

In der Angst tritt der einzelne von seinen Unternehmungen zurück und ist auf sich selbst verwiesen und zurückgeworfen als dem Ursprung seiner Entwürfe, und das heißt: in der Angst wird dem einzelnen seine Freiheit bewußt, und Angst ist das Bewußtsein der Freiheit, die sich vor sich selbst ängstigt. Weil aber die Angst den Menschen unmittelbar mit sich selbst, seinem Nichts am Sein, das er ist, konfrontiert, kann sie auch von nichts abgeleitet werden, was Sartre in die Formel faßt: „wir sind Angst“, jedoch nicht abstrakt, sondern jeweils nur „in Situation“.[32] Die Angst tritt deshalb auch nicht durch eine bloße Reflexion über die eigenen Möglichkeiten zutage, die diese nur als ein Äußeres, als begrifflich faßbare Eventualitäten oder als Möglichkeiten eines Anderen, der sich im gleichen Fall befände, erfaßt. Angst ist vielmehr nur in der jeweiligen Entscheidung und Übernahme meiner Freiheit, in der ich verlassen auf mich zurückgeworfen bin, weil deren Taten weder durch vorgängige ethische oder gesellschaftliche Normen, noch durch emotionale Beweggründe oder innerweltliche Ereignisse gerechtfertigt werden können, da sie erst durch die Entscheidung des Entwurfs ihre Bedeutung für mich enthüllen. Solche Ereignisse sind vielmehr, ebenso wie die Anderen (verfehlte oder ausgenützte) Gelegenheiten der Sinngebung im Entwurf, für die der einzelne die volle *Verantwortlichkeit* trägt, einmal, weil er der alleinige Urheber des Entwurfs ist und zum anderen, weil er durch ihn die ganze Menschheit bindet.[33] Angst ist deshalb das Geworfen-sein in die Verantwortlichkeit.

V. Der Andere

Die Erörterungen über den Anderen nehmen eine zentrale Stellung in ›Das Sein und das Nichts‹ ein und sind von Hegel, Husserl und Heidegger ebenso beeinflußt wie sie sich kritisch von deren Positionen abheben, worauf hier nicht eingegangen werden kann.[34]

Sartres Problemstellung ergibt sich aus dem Versuch, eine Theorie des Seinszusammenhanges mit dem Sein Anderer zu erstellen, die den Anderen weder als bloße Implikation bestimmter Verhaltensweisen wie z. B. Furcht, Scham usw. begreift noch idealistisch als von mir konstituierten Körper oder spekulativ, indem die Beziehung zum Anderen aus einem höheren Ganzen hergeleitet wird.

Das Faktum der Anwesenheit Anderer und des Für-Andere-Seins darf deshalb nicht als ontologisches Strukturmoment aus dem Für-sich abgeleitet werden. Beide sind nicht aufeinander reduzierbar, sondern absolute Gegebenheiten, faktische Notwendigkeiten: Ich bin durch das Faktum meiner Zugehörigkeit zu einer bewohnten Welt schon je mit dem Faktum der Gegenwart von konkret Anderen konfrontiert, so daß das cogito die Beziehung zu diesem Faktum nur noch enthüllen und bestätigen muß, was jedoch für Sartre nicht möglich ist, wenn der Andere nur als Objekt der Erkenntnis begegnet. Die Struktur dieses

Für-Andere-Seins versucht Sartre durch die Analyse des „Blicks" (le regard) zu explizieren, der deshalb ebensowenig psychophysisch als „Sehen" wie das Auge als Sinnesorgan des Blickens verstanden werden darf. Vielmehr verbirgt der Blick des Anderen gerade seine Augen, „er scheint vor ihnen zu stehen" und ist „reine Verweisung auf mich selbst".[35] Mit Blick ist ferner nicht ein einzelnes Ereignis gemeint, sondern das Faktum, daß der einzelne schon je erblickt ist, insofern er immer für Andere ist. Das heißt: Der Blick ist das Bewußtsein der Gegenwart des Anderen.

Sartre unterscheidet dabei zwei Gegenwartsmodi:

1. Der Andere ist der privilegierte Objekt-Andere. Er ist zunächst Objekt unter anderen Objekten, „er gehört zu meinen Entfernungen: der Mensch ist dort, zwanzig Schritte von mir entfernt, er dreht mir den Rücken zu; als solcher ist er wiederum 2,20 m vom Rasen und 6 m von der Statue entfernt . . ." Den Anderen dagegen als Menschenobjekt erfassen, heißt wahrnehmen, daß er in keinem additiven Verhältnis z. B. zum Rasen steht, sondern selbst Bezüge herstellt, die Welt auf sich zentriert und strukturiert und sie mir damit entreißt, indem er sieht, was ich sehe.

> Der Andere, das ist zunächst die beständige Flucht der Dinge auf ein Ziel hin, was ich in einer gewissen Entfernung von mir als Objekt erfasse, was mir aber gleichzeitig insoweit entgeht, als es um sich herum seine eigenen Entfernungen entfaltet . . . So ist plötzlich ein Gegenstand sichtbar geworden, der mir die Welt gestohlen hat.[36]

2. Der Andere ist Subjekt-Anderer. Er wird als solcher in meiner beständigen Möglichkeit erfahren, von ihm gesehen zu werden, d. h. im Erblickt-werden durch den Anderen erfasse ich ihn als Subjekt, werde aber zugleich auf mich zurückgeworfen und fixiert.

> Nehmen wir an, ich sei aus Eifersucht, aus Neugier oder lasterhafterweise so weit gekommen, mein Ohr an eine Tür zu legen oder durch ein Schlüsselloch zu spähen. Ich bin allein und befinde mich auf der Ebene des nichtsetzenden Bewußtseins (von) mir . . . Jetzt habe ich Schritte im Vorsaal gehört: man sieht mich. Was soll das heißen? Das soll heißen, daß ich in meinem Sein plötzlich von etwas betroffen werde und daß in meinen Strukturen wesentliche Veränderungen auftreten — Veränderungen, die ich erfassen und durch das reflexive cogito begrifflich festlegen kann.[37]

Der Andere überrascht mich und legt mein Ich als das des Lauschers fest. Als so Erblickter schäme ich mich, und im Mich-schämen vor dem Anderen erlebe und entdecke ich mich als durch ihn fixiert: In der Situation des Ertapptwerdens *bin* ich das Objekt, das der Andere sieht und sonst nichts: für ihn beuge ich mich über das Schlüsselloch, so wie der Baum vom Wind gebeugt wird, für ihn *bin* ich in dieser Situation der eifersüchtig Neugierige und nichts darüber hinaus.

Medusenhaft legt mich so der Blick des Anderen auf eine Möglichkeit fest, indem er mir andere verweigert und mich damit zu einem An-sich macht, das ist, was es ist.

Aber zugleich „enthüllt mir der Andere, indem er meine Möglichkeiten erstarren läßt, die Unmöglichkeit für mich, Gegenstand zu sein, es sei denn für eine andere Freiheit“.[38] Das heißt in der Begrenzung meiner Möglichkeiten und Freiheit erfahre ich die Freiheit des Anderen, da nur eine andere Freiheit die meine begrenzen kann und nicht ein materielles Hindernis. Die Übernahme dieser Grenze ist deshalb identisch mit der Konstitution des „Ich-selbst“ und der Anerkennung des Anderen als Subjekt-Anderen. Gerade in der Bejahung der vom Anderen gesetzten Grenze reißt sich der einzelne von Anderen los und erwählt sich als der Andere des Anderen, als Er-selbst im Angesicht des Anderen, den er damit ebenso bestätigt wie als „Nicht-Ich“ begrenzt. Insofern nun die Realisation der Selbstheit als Wahl des Nicht-der-Andere-Seins das Sein des Anderen bestimmt, „bin ich für Fremdexistenz verantwortlich: ich selbst bewirke durch die Behauptung meiner freien Spontaneität, daß es einen Anderen gibt und nicht bloß eine unendliche Verweisung des Bewußtseins auf sich selbst“.[39]

Wenn aber Selbstwerdung als die im Entwurf geschehende Zeitigung meiner selbst nur angesichts der Gegenwart des Anderen möglich ist, so erstreckt sich meine Verantwortlichkeit auf die ganze Geschichte, insofern in der Anerkennung oder Ablehnung der vom Anderen im Blick geschaffenen Grenzen, d. h. in den konkreten Verbindungen mit ihm, Zeitigung als Gegenwart bei Anderen geschieht, die Geschichte möglich macht.[40]

VI. Existentialismus und Marxismus

Die Sartreschen Analysen explizierten zwei Bereiche des Seins, das An-sich- und das Für-sich-Sein als Sein des Menschen. Letzteres ist die beständige Nichtung seines Seins und wird von Sartre als Freiheit bestimmt, die in der Angst bewußt wird, als Existenz des Menschen seinem Wesen vorausgeht und sich im Entwurf vollzieht, in dem sich das Individuum selbst bestimmt und sein Wesen gibt.

Freiheit ist aber endliche Freiheit, insofern sie durch sich im Sinne ihrer faktischen Notwendigkeit, durch die Freiheit des Anderen sowie durch die geschichtliche Situation begrenzt ist.

Diese wird in ›L'être et le néant‹ nur am Rande thematisiert, während sie in den späteren Schriften Sartres zunehmend in den Mittelpunkt rückt und im Sinne des Marxismus interpretiert wird, der „Philosophie unserer Epoche". In ihm sieht Sartre „die einzig gültige Interpretation der Geschichte", deren treibende Kraft die Widersprüchlichkeit ökonomischer Bedingungen ist.[41] Sie bestimmen die gesellschaftliche und geschichtliche Realität und damit „das Feld des Möglichen", innerhalb dessen die Ziele des jeweiligen Entwurfs des einzelnen liegen. Dies darf aber nicht in dem Sinne verstanden werden, als sei das Individuum das bloße Produkt der vorgefundenen Umstände, eine Auffassung des „idealistischen Marxismus", die Sartre kritisiert, vielmehr ist der Mensch durch das gekennzeichnet, „was ihm aus dem zu machen gelingt, was man aus ihm gemacht hat",[42] d. h. er macht seine Geschichte ebensosehr innerhalb der gegebenen Umstände, die seine Begrenzung umreißen, wie er diese verändert.

Sartres Stellung zum gegenwärtigen Marxismus ist ambivalent. Er wird bejaht, insofern er eine allgemeine Theorie bietet, die den Handelnden und die Ereignisse in das historische Ganze dadurch einfügt, daß sie die Strukturen und Genese der gesellschaftlichen Verhältnisse als Bedingungen des einzelnen erklärt und damit zugleich die Voraussetzung ihrer Veränderung durch ihn aufzeigt.

Der Marxismus wird kritisiert, insofern jenes Ganze unter Ausschluß des Einzelmenschen nur eine idealistische Totalisierung und apriorische Geschichtskonstruktion sei, absolutes Scheinwissen, erkauft mit dem Verlust konkreter Erfahrung. Der Autonomieanspruch des Existentialismus und seine legitime Stellung innerhalb des Marxismus liegt nun gerade darin, diese Erfahrung zu erbringen und einen konkreten Zugang zur Realität zu ermöglichen, was für Sartre heißt, den Menschen in seiner sozialen Welt aufsuchen und ihn bis in seinen Entwurf verfolgen, der ihn auf Grund einer bestimmten Situation mit dem gesellschaftlich Möglichen konfrontiert. Einen Versuch in dieser Richtung unternimmt Sartre in der ›Kritik der dialektischen Vernunft‹, deren Gegenstand gerade die Dialektik im Verhältnis der Menschen zu ihren Ausgangsbedingungen und in den zwischenmenschlichen Beziehungen ist, die als gemeinsame Praxis eine gemeinsame Welt schaffen, in der sich das Ich und der Andere verwirklichen.[43]

Für Sartre hat aber der Existentialismus seine Berechtigung verloren, sobald sich der Marxismus der Untersuchung des existentiellen Entwurfes zuwendet, und Sartre sieht sich verpflichtet, „den Zeitpunkt dieser Auflösung beschleunigt herbeizuführen".[44]

Bibliographie

Die Bibliographie führt aus dem Werk Sartres vor allem die Buchausgaben auf und bietet keine lückenlose chronologische Übersicht, da nur die philosophischen Schriften Sartres möglichst vollständig, die politischen und literarischen Schriften hingegen in einer Auswahl verzeichnet werden. Kleine Abhandlungen, Interviews u. a. wurden nicht wiedergegeben.

I. Bibliographien

Douglas, K.: A critical bibliography of existentialism. (The Paris school.) New Haven 1950 (Yale French studies. Special monograph. 1).

Natanson, M.: Bibliography. In: Natanson: A critique of Jean-Paul Sartre's ontology. Lincoln 1951, S. 127 ff.

Contat, M. u. Rybalka, M.: Les Ecrits de Sartre. Chronologie, bibliographie commentée. Paris 1970.

II. Werke

a) Philosophische, literarische und politische Schriften.

Légende de la vérité. In: Bifur, 8. 6. 1931.

La transcendance de l'ego. Esquisse d'une description phénoménologique. In: Recherches philosophique 6 (1936/37).

Dt.: Die Transzendenz des Ego. Hamburg (Rowohlt) 1964. Darin auch die beiden folgenden Abhandlungen.

L'imagination. Etude critique. Paris 1936.

Esquisse d'une théorie des émotions. Paris 1939.

L'imaginaire. Psychologie phénoménologique de l'imagination. Paris 1940.

Dt.: Das Imaginäre. Phänomenologische Psychologie der Einbildungskraft. Hamburg (Rowohlt) 1971.

L'être et le néant. Essai d'ontologie phénoménologique. Paris 1943.

Dt.: Das Sein und das Nichts. Versuch einer phänomenologischen Ontologie. Hamburg (Rowohlt) 1962.

A propos de l'existentialisme: mise au point. In: Lettres 3 (1945).

L'existentialisme est un humanisme. Paris 1946.

Dt.: Ist der Existentialismus ein Humanismus? In: Drei Essays. Frankfurt a. M. (Ullstein) 1964.

Explication de ›L'étranger‹. Sceaux 1946.

Dt.: ›Der Fremde‹ von Camus. In: Situationen. Hamburg (Rowohlt) 1956.

Réflexions sur la question juive. Paris 1946.

Dt.: Betrachtungen zur Judenfrage. In: Drei Essays. a. a. O. Baudelaire. Paris 1947.

Dt.: Baudelaire. Ein Essay. Hamburg (Rowohlt) 1953.

L'Homme et les choses. Paris 1947.
Dt.: Der Mensch und die Dinge. Über den Dichter Francis Ponge. In: Neue Rundschau 73 (1962).
Conscience de soi et connaissance de soi. In: Bulletin de la Société Française de Philosophie, XLII (1948).
Dt.: Bewußtsein und Selbsterkenntnis. Hamburg (Rowohlt) 1973.
Situations I. Paris 1947.
Dt. in Auswahl, in: Situationen. Hamburg (Rowohlt) 1956. Darin u. a.: Die cartesianische Freiheit. Die Zeitlichkeit bei William Faulkner. Auf der Suche nach dem Absoluten.
Situations II. Paris 1948.
Dt.: Was ist Literatur? Ein Essay. Hamburg (Rowohlt) 1950.
Situations III. Paris 1949.
Dt. Materialismus und Revolution. Frankfurt 1961.
Situations IV. Paris 1964.
Dt.: Porträts und Perspektiven. Hamburg (Rowohlt) 1971. Darin u. a.: Antwort an Albert Camus, sowie Sartres Nachruf auf Camus.
Situations V, VI, VII. Paris 1964—1965.
Situations VIII, IX. Paris 1972.
Dt. daraus: Mai '68 und die Folgen. Reden, Interviews, Aufsätze. Hamburg (Rowohlt), Bd. I 1974, Bd. II 1975.
Saint Genêt, comédien et martyr. Paris 1952.
Dt.: Über Jean Genet. (Auszug) Hamburg (Rowohlt) 1955.
Critique de la raison dialectique, précédé de Question de méthode. Tome 1: Théorie des ensembles pratiques. Paris 1960.
Dt.: Kritik der dialektischen Vernunft. Bd. 1: Theorie der gesellschaftlichen Praxis. Hamburg (Rowohlt) 1967.
Marxisme et existentialisme. Controverse sur la dialectique. Paris 1962.
Dt.: Marxismus und Existentialismus. Versuch einer Methodik. Hamburg (Rowohlt) 1964.
Les Mots. Paris 1964.
Dt.: Die Wörter. Hamburg (Rowohlt) 1965.
L'Idiot de la famille. Gustave Flaubert de 1821 à 1857. Vol. I, II. Paris 1971. Vol. III. 1972.

b) Dramen

Les mouches. Paris 1943.
Dt.: Die Fliegen. In: Dramen. Hamburg (Rowohlt) 1954. Darin auch die folgenden Dramen:
Huis clos. Paris 1945.
Dt.: Bei geschlossenen Türen.
Morts sans sépulture. Lausanne 1946.
Dt.: Tote ohne Begräbnis.
La putain respectueuse. Paris 1946.
Dt.: Die ehrbare Dirne.

Les mains sales. Paris 1948.
Dt.: Die schmutzigen Hände.
Le diable et le bon Dieu. Paris 1951.
Dt.: Der Teufel und der liebe Gott.
Kean. (Adaption de la pièce d'Alexandre Dumas.) Paris 1954.
Dt.: Kean oder Unordnung und Genie. Ein Stück nach Alexandre Dumas. Hamburg (Rowohlt) 1954.
Nekrassov. Paris 1956.
Dt.: Nekrassow. Hamburg (Rowohlt) 1956.
Les séquestrés d'Altona. Paris 1960.
Dt.: Die Eingeschlossenen. Hamburg (Rowohlt) 1960.

c) Romane

La nausée. Paris 1938.
Dt.: Der Ekel, Hamburg (Rowohlt) 1963.
Les chemins de la liberté. 3 Bde. (L'âge de raison. Le sursis. La mort dans l'âme.) Paris 1945—1949.
Dt.: Die Wege der Freiheit. 3 Bde. (Zeit der Reife. Der Aufschub. Der Pfahl im Fleische.) Hamburg (Rowohlt) 1961—1963.

d) Erzählungen

L'ange du morbide. In: Revue sans titre 1923.
Le mur. (Le mur. La chambre. Erostrate. Intimité. L'enfance d'un chef.) Paris 1939.
Dt.: Die Mauer (Die Mauer. Das Zimmer. Herostrat. Intimität. Die Kindheit eines Chefs.) Stuttgart (Rowohlt) 1950.

e) Filmdrehbücher

Les jeux sont faits. Paris 1947.
Dt.: Das Spiel ist aus. Hamburg (Rowohlt) 1952.
L'engrenage. Paris 1948.
Dt.: Im Räderwerk, Darmstadt 1954.
Zu erwähnen ist ferner noch die von Sartre herausgegebene Zeitschrift: *Les temps modernes.* Revue mensuelle. Jg. 1 bis lfd. Paris 1945 ff.

III. Literatur über Sartre

Holz, H. H.: Jean Paul Sartre. Darstellung und Kritik seiner Philosophie. Meisenheim/Glan 1951. (Eine polemisch-kritische, vor allem an H. Marcuse orientierte Erörterung der Philosophie Sartres.)
Möller, J.: Absurdes Sein? Eine Auseinandersetzung mit der Ontologie J. P. Sartres. Stuttgart 1959. (Kritische Darstellung der Philosophie Sartres mit der Absicht ihrer Überwindung durch Metaphysik.)
Pollmann, L.: Sartre und Camus. Literatur der Existenz. Stuttgart u. a. 1967.

(Pollmann versteht die literarischen Werke Sartres und Camus als ästhetische Formel für deren Existenzauffassung. Das Buch empfiehlt sich als Einführung in die Dichtung von Sartre und Camus, die auf literaturwissenschaftlicher Ebene verglichen werden.)

Streller, J.: Zur Freiheit verurteilt. Ein Grundriß der Philosophie Jean Paul Sartres. Hamburg 1952. (Einführende Darstellung von ›Das Sein und das Nichts‹, dessen Leitbegriffe kurz erörtert werden.)

4. Albert Camus (1913—1960)

„Man muß das Leben mehr lieben als den Sinn des Lebens."

Einleitung

Als A. Camus 1960 tödlich verunglückte, war sich die Nachwelt darüber einig, daß „das zeitgenössische kulturelle Frankreich einen seiner hellsichtigsten, ausgeglichensten Repräsentanten, wahrscheinlich auch den typischsten, zutiefst französischen, humansten Vertreter seiner Geistigkeit" verloren hatte.[1]

Kennzeichnend für Camus ist, daß er deren Aktualität ebenso repräsentierte, wie sein Werk von ihr bestimmt ist: Neben dem Cartesianismus und den Moralisten ist Camus vor allem Pascal verpflichtet, von dem er zentrale Begriffe übernimmt, wobei allerdings der Einfluß Kierkegaards, Unamunos, Dostojewskis und Nietzsches nicht unerwähnt bleiben darf. Angesichts dieser Bezüge ist es erstaunlich, daß Camus — ähnlich wie S. Kierkegaard — nicht als Philosoph[2] gelten wollte, und verständlich, daß er sich vom „Existentialismus" distanzierte.[3] Die „Pointe" Camus' ist deshalb nicht auf der Ebene einer entfalteten Begrifflichkeit oder Systematik zu suchen, sondern in der Fähigkeit der künstlerischen Gestaltung, in der Leidenschaft und durchdringenden Genauigkeit seines Denkens. Anders als Sartre, für den die Kunst z. T. Ausdrucksmittel philosophischer Gedanken ist, deren Starrheit sich auch in den Figuren seiner Dramen niederschlägt, versteht sich Camus primär als Künstler und sein Werk als Kunstwerk, in dem das Klima der Absurdität, die Spannung der Revolte zwischen „Ja und Nein" beispielhaft vergegenwärtigt sind mit dem Ziel, die „Menschen aufzurühren".[4] Damit sind zugleich die Leitthemen der beiden Hauptschriften A. Camus' angegeben: ›Le Mythe de Sisyphe. Essai sur l'absurde‹[5] und ›L'Homme Révolte‹.[6] Mit beiden Titeln sind die Angelpunkte seines Denkens benannt, weshalb sie im folgenden in ihrem begrifflichen Gehalt und Begründungs-Zusammenhang expliziert werden sollen. Dessen Anfang wird von Camus als « sentiment de l'absurde » (I) bezeichnet. Es besitzt die Funktion einer « première vérité », auf die der einzelne, in Analogie zur Wette Pascals (II), zu setzen hat, in der er seine Freiheit und die « nature humaine » (III) findet, die Camus in mythischen Bildern zu beschreiben versucht. Damit ist zugleich die Gliederung der Darstellung gegeben.

I. Sentiment de l'absurde

Im Blick auf Descartes — und hier liegt eine entscheidende Voraussetzung — beginnt Camussches Denken mit der Forderung einer Ausgangsevidenz und ersten Gewißheit, die in der Maxime formuliert wird, „n u r mit dem zu leben, was man weiß, sich n u r mit dem sich einzurichten, was ist, und nichts einzuschalten, was nicht gewiß ist“.[7] Im Unterschied zu Descartes ist dieses Evidente für Camus weniger ein rational Gegebenes, sondern ein als „Klima der Absurdität“ im « sentiment » real Erfahrenes, das die erste, nicht hintergehbare Prämisse für eine Fülle von Konklusionen und kritischen Einsichten bildet: Die formale Gleichheit und inhaltliche Unterschiedenheit zu Descartes sind offensichtlich!

a) Sentiment

Sentiment,[8] ein von Pascal übernommener Terminus,[9] besitzt nicht die geläufige Bedeutung von „Gefühl“, wenn darunter, wie in der Psychologie, eine Gruppe von „Akten“ gemeint ist, die sich gegen andere Akte, z. B. des Wertens, Wollens usw. abgrenzen lassen und die das Subjekt als ihr substantieller Träger „hat“.

> Tiefe Gefühle besagen — wie große Kunstwerke — immer mehr, als sie bewußt aussagen. Das ständige Vorhandensein einer Regung oder eines Widerwillens in einer Seele läßt sich in Gewohnheiten des Denkens und des Handelns feststellen und noch in Wirkungen aufspüren, von denen die Seele selber nichts weiß. Die großen Gefühle sind jeweils begleitet von ihrer Welt, mag sie glanzvoll oder jämmerlich sein. Sie erhellen mit ihrer Leidenschaft eine geschlossene Welt, die ihrem Klima entspricht. So gibt es eine Welt der Eifersucht, des Ehrgeizes, des Egoismus oder des Großmuts. Eine Welt — das heißt: eine Metaphysik und eine Geisteshaltung. Was von den bereits deutlich unterscheidbaren Gefühlen gilt, das trifft noch viel mehr auf Regungen zu, die ihrem Ursprung nach ebenso unbestimmt sind und zugleich ebenso verworren und so „sicher“, so fern und so „gegen-

wärtig" wie die Empfindungen, die das Schöne uns vermittelt oder die das Absurde auslöst.[10]

Dem Zitat entsprechend meint « sentiment » Unmittelbarkeit und unmittelbares Gegebensein der Sache ohne Leistung des Subjekts, im Gegensatz zu der durch eine Methode vermittelten und damit durch die Mächtigkeit des Subjekts bestimmten Gegenwart eines Seienden für mich.[11] Im sentiment hingegen drängt sich die Sache dem Subjekt auf, durchstimmt es noch vor jeder Stellungnahme und bestimmt seine Sichtweisen und die ihnen korrespondierenden Objektivierungen. In diesem Sinne läßt sich etwas pointiert sagen: das Subjekt ist sein Gefühl, befindet sich in ihm, z. B. „in Trauer". Zum anderen ist diese Befindlichkeit die Weise, wie mir Welt zuerst und zunächst gegeben ist, deren Offenbarsein: Sentiment ist Welteröffnung („Welt der Eifersucht"), in der die Dinge schon vor allem Verstehen entdeckt sind.

b) L'absurde

In einem eminenten Sinn ist deshalb das Gefühl des Absurden ein irreduzibles, aller Objektivierung und Begrifflichkeit vorausliegendes Faktum, das die Gründe unserer Daseins- und Weltauslegung betrifft, deren Sinnlosigkeit es offenbart. Es ist das Gefühl, daß die ausdrücklichen und schweigenden Voraussetzungen der Erklärbarkeit und Sinnhaftigkeit von Welt nicht mehr tragen, und deren Vertrautheit in der Sicherheit der alltäglichen Gewohnheit verloren ist:

> Dann stürzen die Kulissen ein. Aufstehen, Straßenbahn, vier Stunden Büro oder Fabrik, Essen, Straßenbahn, vier Stunden Arbeit, Essen, Schlafen, Montag, Dienstag, Mittwoch, Donnerstag, Freitag, Samstag, immer derselbe Rhythmus — das ist sehr lange ein bequemer Weg. Eines Tages aber steht das „Warum" da, und mit diesem Überdruß, in den sich Erstaunen mischt, fängt alles an. „Fängt an" — das ist wichtig.[12]

Es ist dies, wie Camus in Anlehnung an Nietzsche sagt,[13] die Erfahrung der Nichtigkeit der Lebens- und Weltsinn garantierenden Kategorien wie etwa „Einheit", „Zweck", „Kausalität" und „Wahrheit" und das in dieser Nichtigkeit offenbare Absurde als Unheimlichkeit, Fremdartigkeit und Bedeutungslosigkeit des Menschen und der Welt als „nudum factum" vor aller Auslegung: „Die Welt entgleitet uns, sie wird wieder sie selbst." [14] Die dem Absurden adäquate *Methode* kann deshalb nur eine sich jeder Deutung und Erklärung enthaltende, reine Deskription der verschiedenen Erscheinungsformen des Absurden sein, die nichts lehrt, da sie auf die Begründung der Phänomene verzichten muß, soll das Klima des Absurden getroffen werden.

Dieses Klima versucht Camus vor allem in seinem Roman ›L'Etranger‹ zu vermitteln, der zugleich auch beispielhaft für die Methode einer Beschreibung ist, die jede, einen Zusammenhang herstellende Deutung ausklammert und so dem Fluß der Ereignisse gegenüber Gleichgültigkeit wahrt:

> Dann die Kirche und die Dorfbewohner auf den Bürgersteigen, die roten Geranien auf den Gräbern des Friedhofs, Pérez' Ohnmacht (als wäre ein Hampelmann zusammengeklappt), die blutrote Erde, die auf Mamas Sarg polterte, das weiße Fleisch der Wurzeln in der Erde, dann wieder Leute, Stimmen, das Dorf, das Warten vor einem Café, das andauernde Brummen des Motors und meine Freude, als der Autobus in das Lichternest Algier einfuhr und ich daran dachte, daß ich gleich zu Bett gehen und zwölf Stunden schlafen würde.[15]

Bewußt wird jede, einen inneren Bezug herstellende Kausalität der Handlung vermieden. Die Sätze stehen gleich-gültig in einem rein äußerlichen Zusammenhang: der Beerdigung der Mutter Meursaults kommt die gleiche Bedeutung zu wie dem Brummen des Motors, d. h. die Ereignisse sind ohne Bedeutung, stehen in keinem Sinnzusammenhang, ebensowenig wie die nicht durch eine Motivkette erklärbare Tötung eines Arabers durch Meursault, deretwegen er zum Tode verurteilt wird.[16] Diese Bedeutungslosigkeit enthüllt sich aber erst im Versuch der Richter, die Tat durch Rückführung auf Motive zu verstehen, oder durch den Aufweis von Kausalzusammenhängen zu erklären, in dessen Scheitern sich die Absurdität der Rechtsprechung wie der Tat zeigt.

Solches Scheitern ist jedoch nicht zufällig, sondern gründet im „metaphysischen Zustand des bewußten Menschen“,[17] der durch einen wesenhaften „Zwiespalt“ gekennzeichnet ist. Mit diesen Formeln versucht Camus den *Begriff des Absurden* zu fassen, der ein „Urteil“ über die vom Gefühl des Absurden erschlossene Wirklichkeit darstellt. Diese ist von unerträglichen und unlösbaren Antinomien gekennzeichnet, wie z. B. der Sehnsucht des Menschen nach dem Absoluten und Ewigen und der Erfahrung des Todes und der Vergänglichkeit. Eine solche Antinomie besteht auch zwischen „dem Heimweh nach der Einheit“ und der Mannigfaltigkeit und Zerrissenheit des Daseins, zwischen dem glühenden Verlangen nach Klarheit und Gewißheit und der Irrationalität der Welt, eine Diskrepanz, die Camus als den Begriff des Absurden bezeichnet. „Das Absurde entsteht aus der Gegenüberstellung des Menschen, der fragt, und der Welt, die vernunftwidrig schweigt. Das dürfen wir nicht vergessen. Daran müssen wir uns klammern, weil die ganze Folgerichtigkeit eines Lebens daraus hervorgehen kann." [18]

In diesem fundamentalen und unaufhebbaren Widerspruch des Menschen mit sich und seiner Welt liegt aber zugleich dessen Wahrheit, in der die Gewißheit des *Herzens* als der eigenen Existenz und der Welt als Faktum gefunden wird.[19] Für Camus sind diese Evidenzen jedoch nicht von theoretischem Interesse, sondern — und das ist seine Eigentümlichkeit — es geht ihm wesentlich darum, „ob ich mit dem, was ich weiß, und nur damit leben kann", d. h. welche praktischen Konsequenzen aus der Gewißheit der Absurdität des Daseins zu ziehen sind.[20] Für Camus sind es im wesentlichen vier Folgerungen:

1. Der Schluß vom Absurden, dem Leben ohne Sinn, auf den Selbstmord ist ein Fehlschluß, zwischen beiden Urteilen besteht kein zwangsläufiges Verhältnis. Zudem würde der Selbstmord das Absurde aufheben, das wesentlich Bewußtsein und Ablehnung des Todes ist. Weil aber vom Tode keinerlei Erfahrung und damit keine Gewißheit möglich ist, würde der Selbstmord gegen die Maxime verstoßen, nur an dem festzuhalten, was gewiß ist. Damit ist impliziert:
2. Die Abweisung des „philosophischen Selbstmordes", worunter Camus den Sprung des Glaubens in Gott versteht angesichts der Hoffnungslosigkeit, der Absurdität und des Paradoxons menschlicher Existenz.[21] Glaube ist ein heimliches Ausweichen, ein „sacrificium intellectus" und damit ein Verzicht auf die Evidenz des Absurden, denn „sobald dieser Begriff sich in ein Sprungbrett zur Ewigkeit verwandelt, ist er nicht mehr auf die menschliche Klarheit angewiesen".[22]
3. Die Ablehnung der „Umkehr in die Kette", der Flucht vor dem Unbehagen des Zwiespalts in die Gewohnheit und Zerstreuung der Alltäglichkeit, des mechanischen Lebens und seine Determination: „Was sollte aus mir werden ohne meine Bürostunden?"
4. Als positive Konsequenz erhebt sich deshalb die Forderung, mit jener Zerrissenheit zu leben und sie in der Revolte anzunehmen. Diesen Vorgang versucht Camus mit dem Terminus der Wette zu fassen, worauf im folgenden einzugehen ist.

II. Die Wette

Was Camus mit der „zerstörende(n) und wunderbare(n) Wette des Absurden“ meint,[23] läßt sich nur verstehen, wenn das Absurde nicht als eine geschichtslose erste Evidenz angesehen wird, auf die man zu jeder Zeit beliebig rekurrieren könnte, wann immer sich der Zweifel einstellt. Im Gegenteil: jene Evidenz der Dunkelheit menschlichen Wesens ist nur im Modus des Ansprungs und Anrufs da im Augenblick der jeweiligen Situation, die die Möglichkeit des Eingehens auf ihn oder der Flucht vor ihm beinhaltet:

> Sie wollte erlöst werden, selbst wenn Marcel, selbst wenn alle anderen der Erlösung nie teilhaftig werden sollten! Hellwach richtete sie sich im Bett auf und lauschte auf einen Ruf, der aus der nächsten Nähe zu kommen schien ... Es war wieder ein schwacher Wind aufgekommen, und sie hörte sein leises Wispern in den Palmen ... Dann versiegten die Wasser des Windes, und sie war nicht einmal mehr sicher, überhaupt etwas gehört zu haben, außer einem stummen Ruf, den sie schließlich nach Belieben schweigen heißen oder wahrnehmen konnte, aber dessen Sinn sie nie mehr erfahren würde, wenn sie ihm nicht augenblicklich folgte. Augenblicklich, ja, das wenigstens war gewiß![24]

Weil aber dieser Anruf des Absurden nicht mehr von der Vernunft eingeholt werden kann, deren Grenzen es ja darstellt, deshalb wird das Festhalten des Anrufs von Camus nach dem Modell der Wette gedacht, d. h. als ein weder durch Berechnung noch deduktiven Schluß begründbares Setzen auf das Absurde.

Damit ist jedoch nur scheinbar der Begriff der Revolte aufgehoben, die ja ausdrücklich als Auflehnung gegen das Absurde definiert ist. Mit dem Terminus der Wette ist nämlich die positive Grundbedingung des homme révolté gekennzeichnet: die vorgängige Bejahung als Voraussetzung dessen, wogegen er sich auflehnt, das „Ja im Nein“, worauf später einzugehen sein wird.[25] Vorerst ist jedoch eine entscheidende Konsequenz dieses Setzens festzuhalten: In ihm gewinnt der einzelne seine Freiheit als Selbstgegenwart und „Anwesenheit“ bei sich selbst, in ihm liegen auch sein Stolz und seine Redlichkeit (honnêteté).[26]

Freiheit als Bei-sich-sein bestimmt Camus *positiv* als revoltierendes Festhalten an der eigensten, unüberholbaren und beständig gegenwärtigen Möglichkeit und grundlosen Gewißheit des Todes, vor dessen Totalität sich alle möglichen Zielsetzungen, jedes „Morgen“, in ihrer Relativität und Bedingtheit zeigen.

Freiheit negativ bestimmt heißt somit: aus der Erfahrung der Sterblichkeit und der mit ihr gegebenen Unwiderruflichkeit sich von der

Fremdbestimmung aller partiellen Zwecke, Ziele und Rollen loslösen, die Handeln normieren und determinieren.[27] In ihnen hört der einzelne auf, selbst Zweck und eigenes Ziel zu sein, weil von heteronomen Funktionen bestimmt. Zudem implizieren sie mögliche Zukunft — also gerade etwas, was durch den Tod keine Selbstverständlichkeit mehr besitzt —, und die Orientierung an ihnen ist deshalb Abwesenheit von sich, Unfreiheit.

> Was aber bedeutet diese Freiheit? Vor allem können wir behaupten: sich selbst gegenüber *fühlen* sie sich frei — und zwar weniger frei als befreit. Ebenso fühlt der absurde Mensch, der ganz und gar dem Tode zugewandt ist (der hier als die offensichtlichste Absurdität verstanden wird), sich losgelöst von allem, was nicht zu dieser leidenschaftlichen Aufmerksamkeit gehört, die sich in ihm kristallisiert. Er genießt eine Freiheit im Hinblick auf die allgemein anerkannten Gebote.[28]

Damit ist Freiheit nicht ein mit dem Menschsein schon immer gegebener oder von Gott garantierter bzw. ermöglichter Status, sondern ein jeweils erst zu Erwerbendes und dann im sentiment Gegenwärtiges, ein beständig neu zu leistender Vollzug.[29] Freiheit als Vollzug ist sodann identisch mit der honnêteté, der Haltung des befreiten, weil am Absurden als seinem „Stand" (état) festhaltenden Menschen.[30] In ihr erreicht er seine Selbstgegenwart im Verzicht auf die Zukunft, weshalb es nur Grade der Aneignung dieser Gegenwart gibt, d. h. honnêteté impliziert die Maxime: „alles Gegebene auszuschöpfen" und „so intensiv wie möglich leben".[31]

Daraus ergeben sich zwei Folgerungen:

1. Nach dem Wegfall aller das Leben qualifizierenden Wertmaßstäbe, deren Soll-Forderung die Gegenwart nach einer möglichen Zukunft bemißt, kann es nur darum gehen, „so lange wie möglich" (vivre le plus) und nicht: „so gut wie möglich" (vivre le mieux) zu leben.[32]
2. In der Selbstgegenwart können die Dinge im Verzicht auf ihre finale oder kausale Betrachtung und Verfügung gleichgültig, jedoch auch neu gegenwärtig werden, so daß „in unseren Augen jeder Mensch und jedes Ding wieder seinen Wert als Wunder" gewinnt.[33] Das heißt: honnêteté läßt Menschen und Dinge das sein, was sie sind.

III. La nature humaine

Die Antwort auf die Frage nach dem, was der Mensch ist, versucht Camus aus den Erfahrungen der Résistance zu geben, die seine geistige

Wende entscheidend beeinflußt und ihren Niederschlag in seinem Werk: L'Homme Révolté gefunden haben.[34] Es stellt im wesentlichen eine Explikation und Differenzierung des „Ja" im „Nein" der Revolte dar. Gerade als Auflehnung impliziert sie die Bejahung eines Wertes, der in ihr mit unmittelbarer Evidenz gegeben ist und von Camus als « nature humaine » bezeichnet wird.[35] Sie ist die Grenze der Ungerechtigkeit, das Maß der „Würde des Lebens und des Sterbens" und die Bedingung der Solidarität der Menschen. „Wenn die von der Revolte entdeckte Grenze alles verwandelt, wenn jedes Denken, jede Tat, die einen gewissen Punkt überschreitet, sich selbst verneint, gibt es in der Tat ein Maß für die Dinge und den Menschen ... Zu gleicher Zeit, da sie eine allen Menschen gemeinsame Natur nahelegt, bringt die Revolte das Maß und die Grenze ans Licht, die das Prinzip dieser Natur sind." [36] Maß und Grenze der menschlichen Natur gründen aber weder — und das ist die neue, ursprüngliche Einsicht Camus' — in einer Metaphysik des Absoluten, noch sind sie begrifflich bestimmbar. La nature humaine kann nicht erkannt und im Denken gewiß, sondern nur in der Revolte als Faktum erfahren, genannt und anerkannt werden: im Schmerz, der nicht mehr ertragbar, in der Rechtlosigkeit, die entwürdigend ist. Die ausdrückliche und jeweils neu zu leistende Bewahrung dieser in der Erfahrung gegebenen Grenzen nennt Camus „Gerechtigkeit".[37] In ihr übernimmt sich der Einzelne angesichts dessen, was er nicht ist, während er sich in der „Liebe" als der annimmt, der er ist: „Und wenn ich mich danach liebend selbst hingab, so war ich doch endlich ich selbst, da uns allein die Liebe uns zu schenken vermag." [38]

Weil aber in der Selbstannahme die Freiheit des Menschen liegt, so läßt sich sagen, daß honnêteté der Vollzug, Gerechtigkeit die Bewahrung und Liebe die Vollendung der Freiheit ist. Es sind dies Formen der Anerkennung eines Seins, von dem man nicht sagen kann, was es ist. Wenn Camus dennoch von ihm spricht, so geschieht dies als Nennung mittels Bilder und Symbole, die über den einzelnen hinaus auf den Grund des Menschseins verweisen und denen die Wirklichkeit stiftende und Einheit verfugende Kraft des Mythos eigen ist, dem sie entstammen.[39]

„Himmel", „Erde", „Meer" usw. benennen so das Um-willen der Revolte, und in ihrer Erfahrung als Symbole werden Ursprung und Heimat des Menschen, seine Einheit mit sich und der Natur gegenwärtig und die Gültigkeit des Mythos spürbar:

In der Dichte der spröden und kalten Nacht bildeten sich unablässig Tausende von Sternen ... Janine vermochte sich nicht von der

Betrachtung dieser dahintreibenden Lichter loszureißen. Sie kreiste mit ihnen, und das gleiche unbewegliche Ziehen verband sie allmählich mit ihrem tiefinnersten Wesen, wo Kälte und Verlangen nun im Widerstreit lagen ... Gleichzeitig hatte sie das Gefühl, zu ihren Wurzeln zurückzufinden, der Saft stieg wieder in ihren jetzt nicht mehr zitternden Körper empor.[40]

„Sterne" und „Nacht" bezeichnen hier weder kulissenhafte Ereignisse der Natur, die den Selbstvollzug begleiten bzw. „auslösen", noch sind sie dessen Projektion in die Natur. Dies wird sofort deutlich, wenn man daran denkt, daß bei Camus die entscheidenden Augenblicke der Konfrontation des einzelnen mit sich und dem Tod von der Kraft mythischer „Bilder" und „Gestalten" bestimmt sind, in denen sich das Sein des Menschen ebenso ausdrückt, wie sie dieses ernennen bzw. stiften. Der einzelne steht unter der Mächtigkeit des Bildes, von dem er gezeichnet ist, insofern sein Verhältnis zu ihm und die Auseinandersetzung mit ihm über seine Existenz entscheidet. So entscheidet sich z. B. Meursaults Schicksal und Tod im Kampf mit der Unerträglichkeit der Sonne, die er durch die Tötung des Arabers selbst töten, „abschütteln" möchte.[41] Nur weil eine symbolische Identität von Sonne, Existenz des einzelnen und deren möglicher Erfüllung besteht, kann die symbolische Tötung der Sonne Meursaults Sein treffen: „Ich begriff, daß ich das Gleichgewicht des Tages, das ungewöhnliche Schweigen eines Strandes zerstört hatte, an dem ich glücklich gewesen war." [42]

Bibliographie

Die Werke Camus' werden in chronologischer Folge aufgeführt. Auf die Wiedergabe von Zeitschriftenartikeln, Vorworten, Interviews und in Zusammenarbeit verfaßten Werken wurde dabei verzichtet.

I. Bibliographien

Bollinger, R.: Albert Camus. Eine Bibliographie der Literatur über ihn und sein Werk. Köln 1957. (Bibliographische Hefte 1. Die vollständigste Bibliographie bis 1957.)

Bentz, H. W.: Albert Camus in Übersetzungen. Frankfurt a. M. 1966.

Roeming, R. F.: Camus. A Bibliography. London 1968.

MLA International Bibliography of Books and Articles on the Modern Languages and Literatures. New York 1922 ff. (Enthält mit French XX das bisher umfassendste Verzeichnis der Werke Sartres und Camus' sowie der Literatur über sie.)

French VII. Bibliography (Critical and Biographical References for the

Study of Contemporary French Literature). New York 1940—1968. Fortgeführt durch *French XX. Bibliography* (Critical and Biographical References for the Study of French Literature since 1885). New York 1969 ff.

II. Werke

a) Philosophische Essays

Le Mythe de Sisyphe. Paris 1942.
Dt.: Der Mythos von Sisyphos. Ein Versuch über das Absurde. Hamburg (Rowohlt) 1959.
L'Homme révolté. Paris 1951.
Dt.: Der Mensch in der Revolte. Essays. Hamburg (Rowohlt) 1953. Neubearb. Ausgabe 1969.

b) Romane und Erzählungen

L'Etranger. Paris 1942.
Dt.: Der Fremde. Erzählung. Hamburg (Rowohlt) 1961.
La Peste. Chronique. Paris 1947.
Dt.: Die Pest. Roman. Hamburg (Rowohlt) 1950.
La Chute. Paris 1956.
Dt.: Der Fall. Roman. Enthalten in: Gesammelte Erzählungen. Hamburg (Rowohlt) 1966.
L'Exil et le Royaume. Nouvelles. Paris 1957.
Dt.: Das Exil und das Reich. Erzählungen. Enthalten in: Gesammelte Erzählungen. Darin auch: Die Ehebrecherin — Der Abtrünnige oder Ein verwirrter Geist — Die Stummen — Der Gast — Jonas oder Der Künstler bei der Arbeit — Der treibende Stein.
La Mort heureuse. Cahiers Albert Camus I. Paris 1971.
Dt.: Der glückliche Tod. Roman. Hamburg (Rowohlt) 1972.

c) Dramen

Révolte dans des Asturies. Essai de création collective. Algier 1936.
Le Malentendu et Caligula. Paris 1944.
Dt.: Das Mißverständnis; Caligula. Enthalten in: Dramen. Hamburg (Rowohlt) 1962. Darin auch die folgenden Werke:
L'Etat de Siège. Paris 1948.
Dt.: Der Belagerungszustand.
Les Justes. Paris 1950.
Dt.: Die Gerechten.
Les Possédés. Paris 1959.
Dt.: Die Besessenen.

d) Literarische Essays und Tagebücher

L'Envers et l'Endroit. Algier 1937.
Dt.: Licht und Schatten. Enthalten in: Kleine Prosa. Hamburg (Rowohlt)

1961. Darin auch: Nobelpreisrede — Der Künstler und seine Zeit — Briefe an einen deutschen Freund — Der Abtrünnige oder Ein verwirrter Geist — Die Stummen — Der Gast.

Noces. Algier 1938.

Dt.: Die Hochzeit des Lichts. Impressionen am Rande der Wüste. Enthalten in: Literarische Essays. Hamburg (Rowohlt) 1959.

Lettres à un ami allemand. Paris 1945.

Dt.: Briefe an einen deutschen Freund. Enthalten in: Fragen der Zeit. Hamburg (Rowohlt) 1960. Darin auch: Die Befreiung von Paris — René Leynaud — Pessimismus und Tyrannei — Der Ungläubige und die Christen — Warum Spanien? — Verteidigung der Freiheit — Die Guillotine — Algerien — Ungarn — Der Künstler und seine Zeit.

Actuelles I, II, III. Paris 1950, 1953, 1958. (Enthalten die wichtigeren Zeitungs- und Zeitschriftenartikel Camus'.)

L'Eté. Paris 1954.

Dt.: Die Heimkehr nach Tipasa. Enthalten in: Literarische Essays. Hamburg (Rowohlt) 1959.

Carnets, mai 1935—février 1942. Paris 1962.

Carnets, janvier 1942—mars 1951. Paris 1964.

Dt.: Tagebücher 1935—1951. Hamburg (Rowohlt) 1972.

III. Literatur über Camus

Eine umfassende Gesamtdarstellung Camus' aus philosophischer Sicht steht bisher noch aus, so daß sich die folgende Aufstellung auf literarisch orientierte Werke beschränken muß.

Brée, G., Albert Camus. Gestalt und Werk. Hamburg (Rowohlt) 1960. (Brée befaßt sich, ähnlich wie Ph. Thody, vor allem vom literarischen Standpunkt aus mit Camus' Schriften und vermittelt einen guten Einblick in das Gesamtwerk und dessen biographische Bezüge.)

Schlette, H. R. (Hrsg.): Wege der deutschen Camus-Rezeption. Darmstadt 1975. (Ein Sammelband, der anhand instruktiver Einzelbeiträge eine ausgezeichnete Orientierung über die Camus-Rezeption gibt, die zudem noch in Form einer Zusammenfassung der Veröffentlichungen über Camus in deutscher Sprache dokumentiert wird.)

Thody, Ph.: Albert Camus. Frankfurt a. M./Bonn 1964.

Gestalt und Werk Albert Camus' werden in den Sondernummern folgender Zeitschriften gewürdigt:

La Nouvelle Revue Française, vol. 8, no. 7 (Mar. 1960).

La Table ronde, no. 146 (Feb. 1960).

Minnesota Review, vol. 4, no. 3 (Spring 1964).

Yale French Studies, vol. 25 (Spring 1960).

5. Martin Heidegger (1889—1976)

Einleitung

Keiner der heutigen Denker dürfte das geistige Leben der Gegenwart so nachhaltig bestimmt haben wie Martin Heidegger. Der Einfluß seines Werkes ist nicht auf die philosophische Zunft beschränkt, deren fixierte Fragestellungen es durchbricht, sondern erstreckt sich ebenso auf Theologie wie Anthropologie, Psychologie und Literaturwissenschaft, um nur einige Disziplinen zu nennen.[1]

Der Grund dafür ist in der Originalität zu suchen, mit der Heidegger eine alte, die Geschichte des Abendlandes ebenso prägende wie von seiner Metaphysik vergessene Frage neu stellt: „Ti to on he on?“ Was ist das Seiende in seinem Sein?

Dabei ist allerdings zu beachten, daß diese Frage ebensowenig *das* durchgehende Thema des Denkens Heideggers darstellt wie seine Antworten fixierbare und dozierbare Resultate sind, die sich auf einer Ebene zu einem schlüssigen Ganzen zusammenfügen ließen. Eher sind beide, Frage und Antwort, als Wegmarken eines Denkweges zu sehen, den jeder selbst gehen muß, da er nur im Begehen ist. Von dessen Eigenart sagt Heidegger in seiner autobiographischen Bemerkung: „Ich folgte immer nur einer undeutlichen Wegspur, aber ich folgte. Die Spur war ein kaum vernehmbares Versprechen, das eine Befreiung ins Freie ankündete, bald dunkel und verwirrend, bald blitzartig wie ein jäher Einblick, der sich dann auf lange Zeit hinaus wieder jedem Versuch, ihn zu sagen, entzog.“ [2]

Der Anfang dieses Weges ist durch die Auseinandersetzung des Gymnasiasten mit Franz Brentanos Dissertation: ›Über die vielfache Bedeutung des Seienden bei Aristoteles‹ markiert, durch die Heidegger die Seinsfrage äußerlich zukommt, sowie durch die Konfrontation mit der damals herrschenden Philosophie des Neukantianismus gekennzeichnet, der die Seinsfrage als vorkritisch und damit auch die Entwicklung einer Ontologie ausklammerte. Gerade sie schien aber im Rahmen der Phänomenologie Edmund Husserls wieder möglich zu sein, und Heidegger blieb ihm auch in der Übernahme der phänomenologischen Forderung: „Zu den Sachen selbst“ verpflichtet, ohne den idealistischen Rückgang des späten Husserl auf das transzendentale Ich zu teilen. Vor allem die Arbeit an dessen ›Logischen Untersuchungen‹ brachte dann die zur Klärung der Seinsfrage entscheidende Einsicht, daß das sich — selbst — Bekunden der Phänomene, ursprünglicher als in der Phänomenologie, von Aristoteles als „aletheia“, als

Unverborgenheit des Seins gedacht wird, die bestimmt, was als „die Sache selbst“ erfahrbar ist.

Damit war dieses Denken auf seinen Weg gebracht, dessen Intention gerade nicht die Ausarbeitung einer Existenzphilosophie oder Anthropologie, sondern nur das Andenken an das Sein selbst sein konnte.

Daß aber Heidegger dennoch im Rahmen dieser Einführung in die Existenzphilosophie behandelt wird, hat vor allem einen historisch-systematischen Grund, insofern Heidegger den Existenzbegriff von seinen theologischen und metaphysischen Implikationen befreit im Versuch einer Verwindung der Metaphysik, innerhalb derer noch die Ansätze etwa eines Sartre oder Jaspers liegen.

Der Anfang dieses Versuchs ist in dem 1927 erschienenen und E. Husserl gewidmeten Hauptwerk ›Sein und Zeit‹ zu sehen, das Heidegger schlagartig in den Mittelpunkt der philosophischen Diskussion stellte und ihn zugleich in mindestens zweifacher Hinsicht von seinen Zeitgenossen schied:

Zum einen steht in ›Sein und Zeit‹ primär nicht das Wesen des Menschen als Existenz in Frage, sondern jene nur insoweit, als ihre Explikation die Erörterung des „Sinns von Sein“ ermöglichen soll mit dem Ziel, eine Fundamentalontologie zu begründen.

Zum anderen wird die Seinsart des Menschen terminologisch nicht im negierenden Ausgang von metaphysischen Positionen bestimmt wie etwa: Faktizität — Idealität (Kierkegaard) oder Existenz — Essenz (Sartre), sondern diese Begriffe selbst werden von einer radikalen Neuinterpretation des Menschen aus kritisiert und destruiert. Er wird in Abhebung von der griechisch-christlichen Anthropologie nicht mehr als animal rationale, ens creatum oder Person, sondern in Orientierung an den ontischen Befunden eines Augustin, Luther und Kierkegaard ontologisch als Dasein (I) bestimmt, das als Sein zum Tode (III) Sorge um sich ist (II), deren Sinn in der Zeitlichkeit liegt (IV). Damit ist zugleich die Gliederung des ersten Kapitels (A) gegeben. In einem zweiten Kapitel (B) soll dann auf die Umgestaltung des Existenzbegriffs im Spätwerk Heideggers eingegangen werden.

A

I. Der Mensch als Dasein

Der Titel von Heideggers Hauptwerk ›Sein und Zeit‹ kennzeichnet zugleich den Ausgangspunkt seines Denkens. Gefragt ist nach dem

Sinn, der Wahrheit von Sein und ihrem Zusammenhang mit der Zeit, die dann im ersten, erschienenen Teil von ›Sein und Zeit‹ als Horizont des Verständnisses und der Wahrheit von Sein aufgewiesen wird.[3] Dabei ist allerdings vorweg zu beachten, daß „Wahrheit" nicht im traditionellen Sinne als adaequatio intellectus ad rem, sondern als jene adaequatio erst ermöglichende Offenheit und Unverborgenheit des Seins verstanden wird und dieses nicht als Gott, Weltengrund oder allgemeinster Begriff, sondern als „Lichtung" und „Ereignis". Wenn aber nach dem Sinn von Sein gefragt ist, das „Sein von Seiendem" ist, so hat die Befragung an diesem anzusetzen und es auf sein Sein hin abzufragen. Die Klärung der Seinsfrage erfolgt deshalb in der Befragung des Seienden, das die Seinsfrage stellt. „Ausarbeitung der Seinsfrage besagt demnach: Durchsichtigmachen eines Seienden — des fragenden — in seinem Sein." [4] Als befragendes hat das Seiende, das wir, die Fragenden, je selbst sind, schon immer ein vages, in jedem Istsagen sich manifestierendes Verständnis von Sein, und das heißt: dieses Seiende verhält sich in seinem Sein je schon zu dem, wonach in dieser Frage gefragt wird. Darin liegt auch die Auszeichnung des Menschen gegenüber anderem Seienden, und Heidegger faßt ihn deshalb terminologisch als *Dasein*. Dieses darf aber weder als existentia und Wirklichsein im Gegensatz zur essentia verstanden werden, noch bezeichnet es den Menschen als Bewußtsein, Ich-Subjekt oder Person. Vielmehr ist mit dem Wort Dasein der Bezug des Seins zum Menschen ausgedrückt, insofern er grundlegend durch Seinsverständnis im Sinne des Verstehendseins und der Erschlossenheit seines „Da" ausgezeichnet ist, und zwar so, daß er es zu sein hat. Das heißt: „Das Dasein ist seine Erschlossenheit" [5] und es hat zugleich seine Erschlossenheit, sein „Da" zu sein, insofern es sich annehmen oder verlieren, eigentlich oder uneigentlich zu sich verhalten kann und schon immer verhält. Dasein ist „Zu-sein" und „Seinkönnen", weil es sich zum eigenen Sein als einer Möglichkeit seiner selbst verhält.

Diesen Grundzug des Daseins bestimmt Heidegger als *Existenz*, ein Titel, der in formaler Anzeige besagt: „Das Dasein ist als verstehendes Seinkönnen, dem es in seinem Sein um dieses selbst geht. Das Seiende, dergestalt seiend, bin je ich selbst." [6] Weder das Tier noch der Gott existiert, sondern nur der Mensch als seine Möglichkeit, er selbst oder nicht er selbst zu sein. Diese ist aber kein reines Können, vor dem das Dasein gleichsam steht, oder eine Eigenschaft, die es hat, vielmehr ist das Dasein je seine Möglichkeit. Es ist nicht, etwa als Subjektpol, um dann noch es selbst oder nicht es selbst sein zu können, sondern es ist nur als Vollzug dieser seiner Grundmöglichkeiten, aus denen heraus es sich versteht und die unvertretbar je meine Möglichkeiten sind (= „Jemeinigkeit" des Daseins). Das „Wesen" (Wassein) des Daseins ist deshalb aus seinem Sein = je meinem Möglichsein = je meiner Existenz zu begreifen und nicht aus einer allgemeinen, sich durchhaltenden und gegen mich gleichgültigen essentia — etwa im Sinne eines animal rationale —, durch die ich unverlierbar schon immer bin, was ich bin. Diesen Sachverhalt drückt Heidegger in der provozierenden Formel aus:

„Das ‚Wesen' des Daseins liegt in seiner Existenz." [7] Dasein bin also je ich selbst als Seinkönnen, aus dem ich mich verstehe.

Mit dieser Einsicht verbinden sich nun für Heidegger entscheidende methodische Konsequenzen. Denn Dasein kann jetzt nicht mehr wie die übrigen Seienden als in einer Region stehend und nicht mehr als Vereinzelung eines allgemeinen Wesens, als Fall von ... begriffen werden. Sein „ist"-Sinn ist vielmehr ein (ich) „bin"-Sinn, der nicht im theoretischen Meinen genuin gehabt wird, sondern im Vollzug des „bin", aus dem Dasein sich versteht.

Die *Methode* einer Analytik des Daseins kann deshalb nicht eine transzendentale Phänomenologie sein mit ihrem Ideal einer eidetischen (Wesens)Erkenntnis, gewonnen in der phänomenologischen Reduktion als Rückgang auf ein absolutes Ich, in dem das faktische, geschichtliche Dasein ausgeklammert ist. Gerade zu ihm soll nämlich ein methodisch ausweisbarer Zugang gefunden werden, durch den sich dieses Seiende unverstellt von allen theoretischen Vormeinungen an ihm selbst und von ihm selbst her zeigen kann. Diesen Anspruch sieht Heidegger zunächst durch die Phänomenologie eingelöst, deren Forderung „zu den Sachen selbst" ja heißt: allen unausgewiesenen Voraussetzungen und Begriffskonstruktionen entsagen und nur das deskribieren, was sich von sich selbst her zeigt. Doch hier endet die Gemeinsamkeit mit Husserl. Denn eine Phänomenologie, die ihr Thema, das Dasein, nicht verfehlen will, muß auf den Anspruch einer transzendentalen Begründung verzichten und ihren Grund im „Verstehen" des faktischen Daseins in seiner Lebenswelt und Lebensgeschichte suchen. Das aber heißt: Dasein als das Seiende, das sich in seinem Sein versteht und auslegt, also in sich hermeneutisch ist, kann nur dann adäquat deskribiert werden, wenn sich phänomenologische Deskription methodisch als Auslegung und Interpretation versteht. Eine Phänomenologie des Daseins ist deshalb nur als Hermeneutik möglich, was für Heidegger bedeutet: Die transzendentale Phänomenologie Husserls durch eine hermeneutische Phänomenologie ersetzen.[8]

Ihre Aufgabe ist es, den Sinn von Sein aufzudecken im Auslegen der Grundstrukturen des Daseins, der „Existenzialität". Sie bezeichnet terminologisch den Zusammenhang der ontologischen Strukturen von Existenz. Von ihr sind die „Existenzialien" zu unterscheiden als Strukturmomente des Daseins, die im Gegensatz stehen zu den Kategorien als Seinsbestimmungen von nicht daseinsmäßigem Seienden. Existenzialien sind keine Eigenschaften, sondern apriorische Grundverfassung des Daseins, die konstitutiven Weisen, das „Da" zu sein.

In unserem Zusammenhang sind vor allem die Existenzialien des „In-der-Welt-seins" (a) des Mit-seins (b) sowie der Befindlichkeit und des Verstehens (c) von Bedeutung.

a) Das In-der-Welt-sein des Daseins

Der Titel könnte ein zweifaches Mißverständnis nahelegen: daß mit „In-sein" eine Art räumlichen „Enthaltenseins" des Menschen in der Welt gemeint ist oder daß Dasein als zunächst weltloses Subjekt aus seiner Innensphäre heraustritt, um eine Beziehung zu den Objekten, zur Welt draußen, aufzunehmen. „In-sein" als Existenzial wird nicht durch eine Welt-Erkenntnis oder Wahrnehmung gestiftet, sondern ist deren Voraussetzung und besagt: Vertrautsein mit, in der Nähe sein von, sich aufhalten bei ... der Welt, schon je eine Welt entdeckt haben. Welt wiederum ist nicht eine gegenständlich vorgestellte res extensa oder das All des Seienden, sondern, ein Charakter des Daseins selbst, „das, ‚worin' ein faktisches Dasein als dieses ‚lebt' ... Welt meint die ‚öffentliche' Wir-Welt oder die ‚eigene' und nächste (häusliche) Umwelt".[9] Von ihr, und das heißt vom durchschnittlichen Verständnis des In-der-Welt-seins, hat auch die Analyse des Phänomens der Welt auszugehen.

In-der-Welt-sein heißt also zunächst: verstehen von ... und vertraut sein mit ... Umwelt, wobei die Weise des Verständnisses der hantierende, gebrauchende und besorgende Umgang mit dem Seienden ist, das in diesem Besorgen als „Zeug" [9] begegnet. Zeug ist durch sein „Um-zu", wie Dienlichkeit, Verwendbarkeit usw. gekennzeichnet und steht je schon in einem Zeugganzen, d. h. in einem Verweisungszusammenhang, der letztlich im „Umwillen" des Daseins gründet. Ein Beispiel mag dies verdeutlichen: Der Hammer, das „Hammerzeug", ist *zum* Nageleinschlagen, der Nagel *zur* Befestigung der Uhr, diese *zur* Orientierung wegen oder „um-willen" des Daseins, genauer gesagt: umwillen einer Möglichkeit des menschlichen Seins. Und das heißt:

Das Um-zu ist fundiert im ergriffenen eigentlichen oder uneigentlichen Seinkönnen, das es bestimmt.

Zu beachten ist dabei, daß sich dieser Charakter des Zeugs gerade nicht der theoretischen Betrachtung erschließt, sondern nur dem handelnden Umgang mit ihm, dessen leitende Sicht die „Umsicht" ist.[10] Zeug ist wesentlich „zur Hand" Seiendes, dessen Seinsart von Heidegger deshalb als „Zuhandenheit" bestimmt wird, die in der theoretisch nur-hinsehenden Einstellung ausgeklammert ist.

Ihr bleibt auch der Weltcharakter der Umwelt verborgen, der nur durch umsichtiges Besorgen entdeckt wird und zwar dann, wenn eine Störung in der Verweisung eintritt (z. B. wenn der Hammer fehlt oder defekt ist), das Zeug also seiner Zuhandenheit verlustig geht. Jetzt tritt der Verweisungszusammenhang ausdrücklich hervor, „die Umsicht stößt ins Leere und sieht erst jetzt, wofür und womit das Fehlende zuhanden war". „Der Zeugzusammenhang leuchtet auf nicht als ein noch nie gesehenes, sondern in der Umsicht ständig im vorhinein schon gesichtetes Ganzes. Mit diesem Ganzen aber meldet sich die Welt."[11]

Die Störung der Verweisungsganzheit macht aber auch sichtbar, daß sie „früher" ist als das einzelne Zeug und, wenn auch unthematisch, vorgängig erschlossen bzw. verstanden sein muß. Diese vorontologische Erschlossenheit ist nun die Weise, wie Dasein vorgängig sein In-der-Welt-sein versteht, und Welt ist das Worin dieses Vorverstehens von Verweisung, die Freigabe des Zuhandenen als innerweltlich begegnendes Seiendes. Jetzt wird deutlich, daß In-der-Welt-sein nicht heißen kann: als ein bestimmtes Seiendes unter anderen vorkommen, sondern: Weltverständnis entfalten als Vertrautsein mit Bedeutsamkeit, und Seiendes im Horizont der jeweils ergriffenen Möglichkeiten des Daseins begegnen lassen können.

b) Das Mitsein

Dasein ist in In-der-Welt-sein, das nicht nur Zuhandenes, sondern vor allem die Anderen in ihrem Mitdasein freigibt. Sie begegnen ebenso mit dem besorgten Zeug (der Hammer ist gekauft bei ..., die Uhr ist geschenkt von ...), wie dieses sich aus der Welt her zeigt, in der es für die Anderen zuhanden ist.

„Dasein ist Mitsein" besagt weder, daß noch andere Subjekte außer mir vorhanden sind, von denen ich mich abhebe, noch daß ich beständig mit Menschen zu tun habe. Vielmehr ist „Mitsein" so etwas wie die

Bedingung der Möglichkeit dafür, daß der Andere begegnen, daß es „Einsamkeit“ und „Geborgenheit“ überhaupt geben kann und daß Dasein schon immer für Andere sich eröffnet, was die Vorsetzung jedes Sichoffenbarens bzw. Verschließens ist.

Die Anderen werden aber nicht wie dies Zeug besorgt, sondern stehen in der existential und nicht sozialethisch zu verstehenden *„Fürsorge“*, als deren Modi z. B. Aneinandervorbeigehen, Gleichgültigkeit, Liebe, Achtung usw. gelten können.

Im Bereich des Mitseins erhebt sich auch die Frage nach dem „Wer“ des Daseins und Miteinanderseins. Die Antwort Heideggers ist vor dem Hintergrund der traditionellen Ontologie verblüffend: Das Wer des Daseins ist das *„Man“*, nicht ein Subjekt und zumeist auch nicht ein „Ich“, denn „vielleicht sagt das Dasein im nächsten Ansprechen seiner selbst immer: ich bin es und am Ende dann am lautesten, wenn es dieses Seiende ‚nicht‘ ist“.[12]

„Nicht“ meint hier: zunächst bin nicht ich als eigenes Selbst, und ist Dasein nicht es selbst, da es sich auf der Flucht vor dem eigentlichen Selbst-sein-können befindet, dergestalt, daß es sich seine Möglichkeiten von den Anderen abnehmen läßt und sich von der besorgten Welt her versteht, an sie verfallen ist. Der Andere ist dabei nicht der bestimmte, sondern der Andere in seiner Durchschnittlichkeit, Alltäglichkeit und Vertretbarkeit, in der alle Seinsmöglichkeiten nivelliert sind. Das Wer dieses alltäglichen Miteinanderseins ist deshalb nicht dieser oder jener oder die Summe aller, sondern das Neutrum „Man“:

> Wir genießen und vergnügen uns, wie *man* genießt; wir lesen, sehen und urteilen über Literatur und Kunst, wie *man* sieht und urteilt; wir ziehen uns aber auch vom „großen Haufen“ zurück, wie *man* sich zurückzieht; wir finden „empörend“, was *man* empörend findet.[13]

„Man“ ist der Modus der uneigentlichen Existenz, in dem das Dasein sich gerade nicht aus *seinen* Möglichkeiten versteht, sondern sich von ihnen und der Entscheidung für sie entlastet. Uneigentlichkeit als Man-selbst und Eigentlichkeit als Ich-selbst gründen aber in der ursprünglichen Erschlossenheit des Daseins. Die beiden Weisen der Erschlossenheit, das Da zu sein, sind Befindlichkeit und Verstehen.

c) Befindlichkeit und Verstehen

Unter Befindlichkeit wird die Stimmung bzw. das Gestimmtsein verstanden, in dem offenbar wird, „wie einem ist“ und wie die Welt ist.

Das heißt: In der Befindlichkeit ist Welt vor jeder Erkenntnis erschlossen, z. B. als bedrohlich in der Furcht, als „hell“ in der Freude usw., jedoch nicht so, als sei Welt schon vor der Stimmung gegeben und würde durch sie nur subjektiv gefärbt werden. Vielmehr wird Welt erst in der Stimmung entdeckt, die deshalb nicht als ein in die „Außenwelt“ projizierter, subjektiver Gefühls- oder Seelenzustand mißverstanden werden darf.

Im gestimmten Sichbefinden „weiß“ ich je über mich Bescheid, bin ich mir je erschlossen oder wie Heidegger sagt: ist „das Dasein vor sein Sein als Da gebracht“, ist zugleich eine Welt entdeckt und das Dasein an sie ausgeliefert. Was die Stimmung als Furcht, Schüchternheit, Freude usw. erschließt, sind Möglichkeiten des Daseins und In-der-Welt-seins, die das Dasein ist. Dasein ist diese bestimmte Stimmung und als Seinkönnen zugleich die Möglichkeit, sie zu ergreifen oder vorbeigehen zu lassen, kurz: Das Dasein ist ihm selbst überantwortetes Möglichsein.

Das Woher und Warum der Stimmung bleibt im dunkeln, offenbar ist nur, daß sie ist. Das heißt aber, daß in ihr das Dasein auf sich als unbegründbares, nicht hintergehbares und nicht von anderem ableitbares Faktum verwiesen ist, das ist, wenn es ist. Dieses „Daß es ist“ faßt Heidegger terminologisch als „die *Geworfenheit* dieses Seienden in sein Da, so zwar, daß es als In-der-Welt-sein das Da ist. Der Ausdruck Geworfenheit soll die *Faktizität der Überantwortung* andeuten.“ [14]

Damit ist deutlich, daß Geworfenheit keinen Werfer, etwa Gott, impliziert, sondern nur besagt, daß Dasein als befindliches je schon in bestimmte, durch die Stimmung erschlossene Möglichkeiten hingeraten bzw. hingeworfen ist und somit durch und durch geworfene Möglichkeit ist.

Das zweite konstitutive Moment der Erschlossenheit des Daseins ist das *Verstehen*. Dieses wird von Heidegger nicht als Gegenbegriff zum Erklären gefaßt, sondern ursprünglicher als „Sein-können“ in Anlehnung an die ontische Rede, die „Verstehen“ im Sinne von: „einer Sache gewachsen sein“, „etwas können“ gebraucht.

Im existenzialen Sinne wird aber kein Was, keine Sache verstanden oder gekannt, sondern das Existieren. Es verstehend, „weiß“ das Dasein, woran es mit seinem Seinkönnen ist. Dieses Verstehen geschieht jedoch nicht dadurch, daß das Dasein introspektiv oder als neutraler Beobachter seiner selbst und der Welt um seine Möglichkeiten zu „wissen“ trachtet, sondern Verstehen ist nur als *Entwurf*, indem es sich auf Möglichkeiten seines (eigentlichen oder uneigentlichen) Seinkönnens entwirft und sie dadurch als Möglichkeiten erschließt bzw. versteht: Im Verstehen ist das Dasein als Offenheit der entworfenen Möglichkeit.

Verstehen als Entwurf ist somit ebensowenig eine Verwirklichung von Möglichkeiten wie diese ein gegebener Bestand sind, den es im Entwurf zu erfassen gilt.

Das Entwerfen von Möglichkeiten ist aber nicht beliebig, sondern in den Spielraum des faktischen Seinkönnens gebunden, der Geworfenheit überantwortet. Das besagt: Der Entwurf, das Verstehen sind je gestimmt und auf den durch die Stimmung eröffneten Bereich zurückverwiesen: „In der Weise der Gestimmtheit ‚sieht‘ das Dasein Möglichkeiten, aus denen her es ist. Im entwerfenden Erschließen solcher Möglichkeiten ist es je schon gestimmt. Der Entwurf des eigensten Seinkönnens ist dem Faktum der Geworfenheit in das Da überantwortet“, und das heißt: er ist „geworfener Entwurf“.[15]

II. Das Sein des Daseins als Sorge

Bisher ging es darum, die konstitutiven Momente des Daseins als In-der-Welt-sein zu explizieren, während jetzt die Einheit dieser Momente, d. h. die Ganzheit des Daseins, zu thematisieren ist. Dasein war durch drei ontologische Charaktere gekennzeichnet:

Existenzialität (Dasein ist Seinkönnen, versteht sich von Möglichkeiten her), Faktizität (Dasein ist je schon durch das bestimmt, worin es geworfen ist) und Verfallensein (Dasein verliert sich an das innerweltlich Seiende und versteht sich von ihm her). Ihre Einheit wird von Heidegger terminologisch als *Sorge* gefaßt und von ontisch gemeinten Seinstendenzen wie Besorgnis, Bekümmertsein, Wünschen oder Wollen abgegrenzt. Sorge als Existenzial ist vielmehr das Sein des Daseins und umfaßt ein Dreifaches, nämlich: Sich-vorweg-sein (Existenzialität) im Schon-sein-in der-Welt- (Faktizität) als Sein-bei innerweltlich begegnendem Seienden (Verfallensein).[16] Dasein ist Sorge um sich, insofern es ihm um sein Sein als In-der-Welt-sein geht. Und es kann dem Dasein jeweils um sich gehen, weil es je seine Möglichkeit ist, sich anzunehmen oder vor sich zu fliehen und in eins damit, die Erschlossenheit von Welt zu modifizieren.[17] Als diese Möglichkeit ist Dasein sich je schon vorweg.

Die Explikation des Sorgecharakters des Daseins hat deshalb an einem Phänomen anzusetzen, das jenes Sich-vorweg-sein, d. h. die Sorge, in ausgezeichneter Weise erschließt. Heidegger findet es in der

Grundbefindlichkeit der *Angst*, in der das Dasein auf sich selbst als auf seine Möglichkeit zurückgeworfen ist.

Im Gegensatz zur Furcht, deren Wovor immer ein bestimmtes, bedrohlich Vorhandenes ist, ist die Angst „gegenstandslos" und ihr Wovor unbestimmt, ein „Nichts und nirgends", und das heißt:

> Wovor die Angst sich ängstigt, ist nichts von dem innerweltlich Zuhandenen. Allein dieses Nichts von Zuhandenem, das die alltägliche umsichtige Rede einzig versteht, ist kein totales Nichts. Das Nichts von Zuhandenheit gründet im ursprünglichsten „Etwas", in der Welt. Diese jedoch gehört ontologisch wesenhaft zum Sein des Daseins als In-der-Welt-sein. Wenn sich demnach als das Wovor der Angst das Nichts, das heißt die Welt als solche herausstellt, dann besagt das: wovor die Angst sich ängstet, ist das In-der-Welt-sein selbst.[18]

In der Angst tritt, ähnlich wie in der Langeweile, jedes bestimmte Seiende zurück, wird bedeutungslos, nichtssagend und gleichgültig, während die Welt als Möglichkeit von Zuhandenem und Ermöglichung von Bedeutung bzw. Verweisung erschlossen wird.

So gesehen nimmt die Angst dem Dasein die Möglichkeit, sich vom innerweltlich Zuhandenen und der öffentlichen Diktatur des Man her zu verstehen. Gerade weil so die Vertrautheit der Um- und Mitwelt verlorengeht, enthüllt die Angst dem Dasein die Un-heimlichkeit seiner Vereinzelung und wirft es auf sein eigenstes In-der-Welt-seinkönnen zurück. Gleichsam ohne Halt am Seienden ist das Dasein auf sich als Möglichsein verwiesen, das es in der Vereinzelung sein kann. Die Angst offenbart deshalb das eigenste, je einzelne Seinkönnen, und das heißt „das Freisein für die Freiheit des Sich-selbst-wählen und -ergreifens" und damit für Eigentlichkeit und Uneigentlichkeit als Möglichkeiten des Daseins.[19]

Den Vollzug jenes Freiseins bestimmt Heidegger als Wählen der Wahl seiner selbst, die identisch ist mit dem Sichentscheiden für die Möglichkeit der Eigentlichkeit.

Doch worin liegt das Richtmaß dieses Vollzugs, und woher „weiß" Dasein um seine Eigentlichkeit? Gibt es ein Phänomen, das sie bezeugt? Heidegger findet es in der „Stimme des Gewissens", in der das Dasein sich selbst aus dem „Man" in das eigenste Selbstseinkönnen ruft. Hier gilt es sogleich ein mögliches Mißverständnis auszuräumen: Der Ruf des Gewissens ist weder die „Stimme Gottes" noch ein Rügen oder Warnen im Dienste einer möglichen Normerfüllung oder eines allgemeinverbindlichen Existenzideals. Der Gewissensruf bringt das Dasein gerade nicht vor die metaphysisch vorgestellte Idealität, etwa einer Werteordnung, an der es gemessen wird, sondern vor und in seine Endlichkeit und Geworfenheit.

Dem Dasein wird deshalb nichts Bestimmtes zugerufen, im Sinne eines „Das sollst du, jenes nicht“, sondern es wird aufgerufen zu ihm selbst, und zwar im unheimlichen Modus des Schweigens. Die Bereitschaft, es zu hören und zu verstehen, nennt Heidegger das „Gewissenhabenwollen“.

Was aber der Gewissensruf zu verstehen gibt, ist das *Schuldigsein* des Daseins. Damit ist nun wiederum nicht ein faktisches, historisch registrierbares Verschulden gemeint, oder ein Mangelzustand, der aus einer Unterlassung oder Privation des Guten resultierte, sondern die wesenhafte Nichtigkeit des Daseins. Sie besteht darin, daß der Mensch in der Wahl seiner selbst erst er selbst ist und somit selbst den Grund seines Selbsts zu legen hat, daß aber dieser Grund im zweifachen Sinne nichtig ist: Einmal, weil jene Wahl als geworfene schon je auf faktische, in der Gestimmtheit erschlossene Möglichkeiten verwiesen ist, derer es *nie* mächtig ist (Geworfenheit), und weil zum anderen die Wahl als solche wesenhaft nichtig ist, insofern ihr Vollzug immer Entscheidung für eine Möglichkeit ist und damit Ausschluß von anderen, die nicht mehr oder nicht auch gewählt werden können.

Dasein ist somit durch Nichtigkeit konstituiert, die jedoch erst im Selbstsein „ist“, weshalb Dasein als geworfener Entwurf der Grund seiner Nichtigkeit und damit schuldig ist. Die Annahme des Gewissensrufes im Gewissen-haben-wollen ist deshalb die Übernahme seiner selbst als schuldig:

> Das rechte Hören des Anrufs kommt dann gleich einem Sichverstehen in seinem eigensten Seinkönnen, das heißt dem Sichentwerfen auf das eigenste eigentliche Schuldigwerdenkönnen. Das verstehende Sichvorrufenlassen in diese Möglichkeit schließt in sich das Freiwerden des Daseins für den Ruf: die Bereitschaft für das Angerufenwerdenkönnen. Das Dasein ist rufverstehend hörig seiner eigensten Existenzmöglichkeit. Es hat sich selbst gewählt. Mit dieser Wahl ermöglicht sich das Dasein sein eigenstes Schuldigsein, das dem Man-selbst verschlossen bleibt.[20]

Wenn aber Dasein vor jeder faktischen Verschuldung schon je, und das heißt ständig, bis zum Ende schuldig ist, so muß jenes Sichentwerfen auf das eigenste Schuldigsein — von Heidegger „Entschlossenheit“ genannt — das Ende des Daseins miteinbeziehen, wodurch es in seinem Schuldigsein erst ganz erschlossen ist. Dies ist aber nur dann möglich, wenn Dasein sein Seinkönnen bis zu seinem Tod erschließt, worauf im folgenden Kapitel einzugehen sein wird.

III. Dasein als Sein zum Tode

Im Gewissen-haben-wollen übernimmt sich das Dasein in seiner wesenhaften Nichtigkeit. Deren schlechthin schärfster Ausdruck ist der Tod als die beständige Möglichkeit der Unmöglichkeit der Existenz, als das Endlichkeit konstituierende, unverfügbare Ende des Daseins.

Entscheidend für das Verständnis Heideggers ist nun, die Rede vom „Ende des Daseins" nicht so zu verstehen, als würde der Tod dem Dasein angestückt und es zum Verschwinden bringen, sei es als Enden einer sogenannten „Lebenslinie" oder als Exitus im Sinne des Aufhörens von biologisch bzw. physiologisch vorgestellten Funktionen.

Solche und ähnliche Bestimmungen sind derivater Natur und setzen den Tod entweder bereits voraus oder begreifen ihn gegenständlich nach dem Modell von vorhandenem, d. h. nicht daseinsmäßigem Seiendem.

Für das Dasein hingegen bedeutet das mit dem Tod gemeinte Ende kein Zu-Ende-sein, sondern ein Sein zum Ende, und zwar in dem Sinne, daß Dasein sein äußerstes Noch-nicht, sein Ende stets zu sein hat. Das heißt: Der Tod ist schon immer in das Dasein einbezogen als dessen äußerste Möglichkeit, in die es unentrinnbar geworfen ist und zu der es sich schon je verhält, sei es uneigentlich als Flucht vor ihr oder eigentlich im Ernstnehmen der Sterblichkeit. So gesehen *ist* das Dasein schon immer sein Ende, indem es dieses, als Verhältnis zu ihm, zu sein hat. Dasein „stirbt" deshalb ständig und ist darin vom nur Lebenden unterschieden, dessen Enden ein „Verenden" ist.

Doch wie vollzieht sich jenes eigentliche Verhalten zum Tode? Zunächst gilt es wieder auszugrenzen: Eigentliches Sein zum Tode meint kein Erwarten oder Besorgen des Todes im Sinne der Verwirklichung seiner Möglichkeit und schon gar nicht ein Denken an ihn, vielmehr ein Vorlaufen in seine Möglichkeit. Mit Vorlaufen ist ein verstehendes Näherkommen gemeint, das den Tod als „die eigenste, gewisse und als solche unbestimmte, unüberholbare Möglichkeit des Daseins" erschließt.[21] Dies geschieht im Sichöffnen für die beständige, dem Dasein selbst entspringende Bedrohung des Todes, die in der Befindlichkeit der Angst gegenwärtig ist. In ihr befindet sich das Dasein vor dem Nichts der möglichen Unmöglichkeit seiner selbst, weshalb das Sein zum Tode wesentlich Angst und eigentliches Sein zum Tode der entschlossene „Mut zur Angst" vor ihm ist.

Ein Textstück soll diesen Zusammenhang nochmals vergegenwärtigen und zugleich weiterführen.

Das Vorlaufen bringt das Dasein vor eine Möglichkeit, die ständig gewiß und doch jeden Augenblick unbestimmt bleibt in dem, wann die Möglichkeit zur Unmöglichkeit wird. Sie macht offenbar, daß dieses Seiende in die Unbestimmtheit seiner „Grenzsituation“ geworfen ist, zu der entschlossen, das Dasein sein eigentliches Ganzseinkönnen gewinnt. Die Unbestimmtheit des Todes erschließt sich ursprünglich in der Angst. Diese ursprüngliche Angst aber trachtet die Entschlossenheit sich zuzumuten. Sie räumt jede Verdeckung von der Überlassenheit des Daseins an es selbst weg. Das Nichts, davor die Angst bringt, enthüllt die Nichtigkeit, die das Dasein in seinem G r u n d e bestimmt, der selbst ist als Geworfenheit in den Tod.[22]

Damit ist aber zugleich der in der Sorge verwurzelte Zusammenhang von Gewissen, Schuld und Tod hergestellt: Weil die Annahme des Gewissens als Sich-rufen-lassen in das eigenste Schuldigsein bzw. in die Nichtigkeit meines Daseins nichts anderes ist als die Bereitschaft zu jener Angst vor dem Tod, so ist das Vorlaufen zu ihm das sich existentiell durchsichtig gewordene Gewissen-haben-wollen. Dieses wiederum muß als eigentlicher Modus der Sorge verstanden werden, d. h. als eine ausgezeichnete Weise, in der es dem Dasein um es selbst geht.

Wenn aber Eigentlichkeit als Gewissen-haben-wollen ebenso wie Uneigentlichkeit Modi der Sorge und von ihr her zu begreifen sind, so stellt sich die Frage, wie Sorge selbst zu verstehen ist, welchen Sinn sie besitzt und was sie ermöglicht.

IV. Die Zeitlichkeit als Sinn der Sorge

Dasein ist existierend Sorge um sich, insofern es ihm beständig um sein Sein geht, das es noch nicht ist, dergestalt, daß es sich entweder auf eigenste oder vom Man vorgegebene Möglichkeiten hin entwirft. Ersteres wird von Heidegger als vorlaufende Entschlossenheit zum eigensten Seinkönnen, letztlich zum Tod, bestimmt. Sie wiederum ist nur möglich — ebenso wie jeder uneigentliche Entwurf —, wenn das Dasein überhaupt in seiner eigensten Möglichkeit auf sich zukommen kann. Die Bedingung des Vorlaufens in die Möglichkeit liegt darin, daß das Dasein sie auf sich zukommen lassen kann. Dieses Auf-sich-zukommen-lassen-können gründet im Phänomen der *Zukunft*, die jenes Sich-vorweg-sein des Daseins ermöglicht. Zugleich versteht die vorlaufende Entschlossenheit das Dasein in seinem wesenhaften Schuldigsein, in dem es geworfener Grund seiner Nichtigkeit ist. Die Übernahme dieser Geworfenheit besagt, daß sich das Dasein in dem, wie es schon je war, annimmt. Dies ist so zu verstehen, daß Dasein künftig auf sein *Gewesen-sein* zurückkommt, was nur möglich ist, weil es dem Dasein als Möglichkeit der Zukunft, daraufhin es sich entwirft, entgegenkommen kann: Dasein läßt sein Gewesen-sein nicht als abgelegte Vergangenheit hinter sich, sondern sie ist beständig als „ich bin-gewesen".

In der vorlaufenden Entschlossenheit ist auch die jeweilige Situation des „Da" so miterschlossen, daß umweltlich Zuhandenes begegnen und anwesen kann, was nur möglich ist in einem *Gegenwärtigen* dieses Seienden.

Die Einheit von Zukunft, Gewesenheit und Gegenwart nennt Heidegger *Zeitlichkeit* und ihre drei Charaktere die *Ekstasen* der Zeitlichkeit:

> Zukünftig auf sich zurückkommend, bringt sich die Entschlossenheit gegenwärtigend in die Situation. Die Gewesenheit entspringt der Zukunft, so zwar, daß die gewesene (besser gewesende) Zukunft die Gegenwart aus sich entläßt. Dies dergestalt als gewesend-gegenwärtigende Zukunft einheitliche Phänomen nennen wir die Zeitlichkeit.
>
> Nur sofern das Dasein als Zeitlichkeit bestimmt ist, ermöglicht es ihm selbst das gekennzeichnete eigentliche Ganzseinkönnen der vorlaufenden Entschlossenheit. Zeitlichkeit enthüllt sich als der Sinn der eigentlichen Sorge.[23]

Diese Bestimmung des Seins des Menschen als Zeitlichkeit stellt zugleich eine radikale Absage an jene Tradition dar, die den Menschen im Ausgang von einem Bleibenden oder überzeitlich Unendlichen, sei es als Person oder Subjekt, Geist- oder Vernunftwesen, bestimmte und damit seiner Endlichkeit nicht gerecht wurde.

„Dasein ist zeitlich" kann demzufolge nicht heißen, daß es in einer ihm übergeordneten Zeit ist und in ihr abläuft wie ein Vorhandenes oder daß es existiert als Nacheinander von kommenden und verschwindenden Erlebnissen, deren Reihe mit der Geburt beginnt und mit dem Tod endet. Zeit wäre in diesem objektivistischen Verständnis eine lükkenlose Abfolge von gegeneinander gleichgültigen, vorhandenen Jetzt-Punkten und Dasein nur im jeweiligen Zeitpunkt „wirklich" und außerdem noch von dem Nichtwirklichen der Geburt und des Todes „umgeben". Solches Zeitverständnis und die in ihm ausgebildete Zeitrechnung stammen zwar aus der Zeitlichkeit des Daseins, jedoch ist in ihnen deren ekstatischer Charakter abgeblendet und sie selbst zur öffentlichen Zeit als einer anfangs- und endlosen Jetzt-folge und damit zu einem Seienden nivelliert.

Zeitlichkeit hingegen ist überhaupt kein Seiendes, sie ist nicht, sondern zeitigt sich als Gegenwart, Zukunft und Gewesenheit. Letztere sind nicht Teile eines und desselben zeitlichen Kontinuums, sondern Dimensionen (Ekstasen) des Entwurfgeschehens, in die sich das Dasein erstreckt.

Zeitigung wiederum ist deshalb kein Nacheinander der Ekstasen: „Die Zukunft ist nicht später als die Gewesenheit und diese nicht früher als die Gegenwart. Zeitlichkeit zeitigt sich als gewesende-gegenwärtigende Zukunft.“ [24] Weil sie, durch den Tod bestimmt, endlich ist, hat auch die ursprüngliche Zeitlichkeit das Gepräge der Endlichkeit.

Dasein ist zeitlich heißt demzufolge: Es ist endlich existierend als die unüberholbare Möglichkeit der Nichtigkeit des Todes und es ist je sein Anfang, d. h. es existiert „gebürtig“. Gewesenheit und Zukunft sind nicht außerhalb des Daseins, sondern es ist seine Gewesenheit und Zukunft, indem es sie zu sein hat und je schon in einer bestimmten Weise ist.

Ein Beispiel mag dies verdeutlichen: Wenn in der Trauer sich Dasein in sein Gewesensein verlegt und Zukunft gleichsam abblendet, so ist diese nicht später als jenes, sondern Dasein ist gleichursprünglich beide, insofern es seine Zukunft als hoffnungslose versteht, um sich von ihr auf sein Gewesensein zu verlegen und umgekehrt.

Analog sind z. B. hysteroide Verhaltensweisen zu sehen, in denen Dasein im phantastischen Entwurf der Zukunft sein Gewesensein verleugnet und vor ihm flieht. Gerade in dieser Flucht ist aber das Verleugnete beständig da, und das heißt: Als Flucht *ist* Dasein jenes verleugnete Gewesensein und als dieses ist es Flucht.

Die Möglichkeit der genannten Verhaltensweisen ist darin zu suchen, daß Dasein schon je als seine Gewesenheit, als Gegenwart und Zukunft, d. h. zeitlich existiert. Uneigentlichkeit und Eigentlichkeit sind dabei Modi der Zeitlichkeit, in denen jene Ekstasen entweder nivelliert oder akzentuiert sind.

So ist im uneigentlichen Zeitigungsmodus dem Dasein Zukünftiges nicht als Existenzmöglichkeit gegenwärtig, sondern nur als Objekt der Neugier, die sehen will, um gesehen zu haben. Der Bezug zum Gewesenen ist dementsprechend das Vergessen, wobei uneigentliche Gegenwart das „Gegenwärtigen“ ist als unentschlossenes, geschäftiges Aufgehen im Momentanen des gerade Besorgten mit dem Ziel zu vergessen, wenn der Reiz des Neuen verblaßt.

Im Gegensatz dazu treten in der eigentlichen Existenz die drei Ekstasen der Zeitlichkeit in ihrer ganzen Schärfe zutage: Im entschlossenen Vorlaufen in den Tod (Zukunft) kommt das Dasein auf seine Nichtigkeit (Gewesenheit) zurück, um die Situation im Da des Augenblicks auf Möglichkeiten hin zu erschließen. Der Augenblick ist kein innerzeitiger „Jetztpunkt", darin etwas begegnet, sondern er zeitigt sich im jeweiligen Entschluß, der bestimmt, was als Vorhandenes überhaupt begegnen kann. Immer, wenn der Mensch in der Wahl seiner selbst sich entschlossen aus der Zerstreuung in das nächst Besorgte dadurch zurückholt, daß er seinem Tod unter die Augen tritt und von ihm her die in der Befindlichkeit eröffneten Möglichkeiten versteht, um sie als gegenwärtige zu existieren, dann *ist* der „Augenblick" als „eigentliche Gegenwart" des Daseins und in eins damit eigentliche Zeitlichkeit.

Zeitlichkeit ist auch die Bedingung für die *Geschichtlichkeit* des Daseins, womit nicht gemeint ist, daß der Mensch in einer als Bewegungszusammenhang von Objekten vorgestellten Weltgeschichte steht oder von Erlebnisfolgen bestimmt ist. Dies alles ist vielmehr nur möglich, weil Dasein durch Geschichtlichkeit konstituiert wird. Die Frage nach ihr stellt sich im Zusammenhang mit dem Problem, woher denn überhaupt die in der Befindlichkeit erschlossenen Möglichkeiten genommen werden, auf die sich das Dasein entwirft. Sie können jedenfalls nicht aus dem Vorlaufen in den Tod geschöpft werden, da gerade er das Dasein in die augenblickliche Entscheidung zurückwirft. Vielmehr stammen sie aus dem „Erbe", das Dasein frei wählt und sich so überliefert. Das Geschehen dieser Wahl als Übernahme seiner selbst in einer ererbten Möglichkeit bezeichnet Heidegger als „Schicksal" des Daseins, und dessen schicksalhafte Existenz mit Anderen (Mitsein) als „Geschick". Die entschiedene Übernahme von Möglichkeiten aus einem überlieferten Daseinsverständnis und der Rückgang in ein Seinkönnen eines dagewesenen Daseins ist dessen Wiederholung. Diese darf aber nicht als bloßes Hinnehmen oder als leere Rekapitulation des Vergangenen verstanden werden, sondern als „kritische" Erwiderung auf dagewesene Existenzmöglichkeiten, die bereit ist zum entschlossenen Widerruf der bloßen Auswirkung des Vergangenen im Heute. Dieses wählende Finden von Möglichkeiten im Gewesenen ist um so unzufälliger und der Widerruf um so eindeutiger, je unzweideutiger sich Dasein auf die eigenste Möglichkeit des Todes entwirft, und das heißt: Erst angesichts des Todes existiert Dasein in voller Schärfe als sein einmaliges, nicht hintergehbares Schicksal.

Ein Zitat soll nochmals den Zusammenhang herstellen:

> Nur Seiendes, das wesenhaft in seinem Sein z u k ü n f t i g ist, so daß es frei für seinen Tod an ihm zerschellend auf sein faktisches Da sich zurückwerfen lassen kann, das heißt nur Seiendes, das als

zukünftiges gleichursprünglich g e w e s e n d ist, kann, sich selbst die ererbte Möglichkeit überliefernd, die eigene Geworfenheit übernehmen und a u g e n b l i c k l i c h sein für „seine Zeit“. Nur eigentliche Zeitlichkeit, die zugleich endlich ist, macht so etwas wie Schicksal, das heißt eigentliche Geschichtlichkeit möglich.[25]

B

Freiheit und Ek-sistenz

Absicht des folgenden Kapitels ist es, einen Zugang zu Heideggers Spätwerk zu eröffnen, einmal, weil in ihm die Seinsfrage nicht mehr im Ausgang vom Dasein gestellt wird wie in ›Sein und Zeit‹, und weil zum anderen der dort entwickelte Existenzbegriff im Spätwerk von seinen metaphysischen Implikaten gereinigt und vom Bezug des Seins zum Menschen aus gedacht ist.[26]

Zur Vergegenwärtigung dieses den Existenzbegriff umgestaltenden Denkweges soll nochmals an den Gedankengang von ›Sein und Zeit‹ angeknüpft werden. In dessen erstem Abschnitt wird der Mensch als Dasein und dieses als In-der-Welt-sein und als Sorge bestimmt. Dasein ist hierbei die Bezeichnung für ein Seiendes, das in der Weise gelichtet bzw. für sich offen ist, daß es sich schon je in seinem Sein aus Möglichkeiten seiner versteht, die es zu sein hat. Dies besagt, daß Dasein ein Seiendes ist, dem es um sein Seinkönnen geht, dergestalt, daß es umwillen seiner als „Da“ existiert. Die Erschlossenheit des Da und Offenheit des Seins im Da ist somit nur als ihr Austrag, den Heidegger mit dem Titel Sorge faßt. Sie ist es, die Dasein lichtet und es für es offen macht. Welt ist dabei die jeweilige Ganzheit des Umwillen eines Daseins, d. h. das, aus dem her sich Dasein durch seinen Entwurf zu bedeuten gibt, zu welchem Seienden und wie es sich dazu verhalten kann. Im zweiten Abschnitt von ›Sein und Zeit‹ wird dann die Sorge in ihrer Eigentlichkeit, und als Sinn der Sorge die Zeitlichkeit expliziert. Sie zeigt sich als Horizont des ursprünglichen Seinsverständnisses, in dem die volle Erschlossenheit des Daseins gründet, und das heißt: „Die ekstatische Zeitlichkeit lichtet das Da ursprünglich.“ [27]

Damit ist kurz der Gang von ›Sein und Zeit‹ skizziert, dessen Aufgabe die Klärung der Seinsverfassung des Daseins und des für sie konstitutiven Seinsverständnisses war. Dieses zeigte sich als die in der Zeitlichkeit ermöglichte, d. h. geschichtlich geschehende Erschlossenheit des Daseins als In-der-Welt-sein und in eins damit des innerweltlich begegnenden Seienden. Keineswegs ist jetzt die Seinsfrage schon an ihr Ziel gelangt. Vielmehr kann erst jetzt das in die Seinsverfassung des Daseins eingeschlossene Seinsverständnis selbst begriffen und nach seinen Voraussetzungen befragt werden. Der Schluß von ›Sein und Zeit‹ versucht einen Weg zu zeigen mit den Fragen: „Wie ist erschließendes Verstehen von Sein daseinsmäßig überhaupt möglich? Kann die Frage ihre Antwort im Rückgang auf die ursprüngliche Seinsverfassung des Sein-verstehenden Daseins gewinnen?" „Offenbart sich die Zeit selbst als Horizont des Seins?" [28]

Mit diesen Sätzen bricht der veröffentlichte Teil von ›Sein und Zeit‹ ab, die Ausarbeitung des dritten Abschnittes, in dem Heidegger die Zeitlichkeit des Daseins als Zeitlichkeit des Verstehens von Sein zu fassen versuchte, scheiterte.

Was blieb, war die Frage nach der Ermöglichung des Seinsverständnisses als geschichtliches Geschehen. Wesentlichste Einsicht der Schriften nach ›Sein und Zeit‹ ist, daß jenes Seinsverständnis des Daseins der Grund der Endlichkeit des Daseins ist und nicht mehr aus dem Dasein selbst begründet werden kann, sondern dessen unverfügbarer „Abgrund" ist.[29] Weder ist das endlich-zeitliche Dasein selbst der Grund seines Verstehend- und Offenbarseins, noch vermag der Mensch diesen je schon gesichteten „Bereich" zu stiften. Dasein findet sich vielmehr schon in ihm vor, insofern es „da" ist und sich in seinem Sein versteht. Diese, das Seinsverständnis ermöglichende Lichtung ist das Sein selbst, und ihre Ereignung die Geschichte des Seins, die Möglichkeiten des Seinsverständnisses erschließt oder verdeckt.[30] Damit ist gesagt — und hier liegt die im erschienenen Teil von ›Sein und Zeit‹ noch ausstehende sogenannte „Kehre" zu ›Zeit und Sein‹ —, daß der Seinssinn des Menschen von dem ihn ermöglichenden Seinsgeschehen her zu denken ist, das die zeitlich-geschichtliche Ereignung des Daseins fügt.[31]

Mit diesem Schritt ist aber das Fragen in eine transzendental unbegründbare, weil jede Begründung erst ermöglichende Dimension geraten, und Heideggers spätere Position sowie sein Anspruch einer Verwindung der Metaphysik ist nur insoweit verständlich, als jener Schritt in seiner inneren Konsequenz einsichtig ist.

Im folgenden kann es nicht darum gehen, sie zu explizieren,[32] sondern die mit ihr verbundene Umgestaltung des Existenzbegriffes darzustellen. Diese findet vor allem in den Schriften ›Was ist Metaphysik‹ (1929), ›Vom Wesen des Grundes‹ (1929), ›Vom Wesen der Wahrheit‹ (1943, als Vortrag 1930) und im ›Brief über den „Humanismus"‹ (1947) ihren Niederschlag.[33] „Existenz", vom Menschen her gedacht, nennt in ›Sein und Zeit‹ das Sein des Seienden, das sein Da, sein Offensein für die Offenheit des Seins zu sein hat, und das heißt: Das

Wesen der Existenz ist das Austragen jener Offenheit im Vorlaufen in den Tod. Wird aber Dasein von der unverfügbar sich ereignenden Wahrheit her als geschichtliche Entbergung des Seins gedacht, in der dem Menschen Wesensmöglichkeiten und Verstehenshorizonte jeweils eröffnet sind, so kann Dasein als die „Stätte“ dieser Lichtung und Existenz als *„Ek-sistenz“*, d. h. als „Hinaus-stehen in die Wahrheit des Seins“ verstanden werden.[34] So gesehen ist der Mensch in der Weise der Ek-sistenz.

Hier gilt es sogleich, ein mögliches Mißverständnis abzuwehren. Ek-sistenz meint nicht das Hinausstehen aus dem „Innern“ einer Immanenz des Bewußtseins und des Geistes oder das „Vermögen“, mit dem der Mensch sich auf das Sein richtet und es versteht, sondern das Ausstehen der Lichtung des Seins in der Sorge. „Lichtung“ wiederum hat, wie Heidegger ausdrücklich feststellt, nichts mit „licht“ oder „hell“ gemeinsam, sondern ist aus dem Verbum „lichten“ in der Bedeutung von „etwas leicht, etwas frei und offen machen“ gebildet und meint das „freie Offene“, die Wahrheit als Unverborgenheit des Seins.[35]

Ek-sistenz als Hinausstehen in die Lichtung des Seins wird von Heidegger zunächst[36] als *Freiheit* für sie gedacht. Es ist einsichtig, daß hier Freiheit nicht im Sinne einer Wahlfreiheit oder dergleichen zu verstehen ist, sondern als Seinlassen und Freigeben des Seienden in dem, was es ist und wie es ist. Solches wiederum ist nur möglich als Sicheinlassen auf das Offene, in dem jedes Seiende als an- oder abwesendes sich zeigen kann.

Dergestalt ist Freiheit die Eingelassenheit in die Entbergung und die Aus-setzung (Ek-sistenz) in die Entborgenheit des Seins, der die Möglichkeiten für die Entscheidungen der Geschichte entstammen. Freiheit ist somit konstitutiv für das Seinsverständnis des Menschen und damit für ihn selbst.

Weil er aber diese Unverborgenheit nicht voraussetzen oder gar stiften kann, sondern diese ihn in seinem Wesen bestimmt, indem sie sein Verständnis von sich und der Welt erst eröffnet, deshalb „besitzt“ er die so verstandene Freiheit nicht,

> sondern höchstens gilt das Umgekehrte:
> die Freiheit, das ek-sistente, entbergende Da-sein besitzt den Menschen und das so ursprünglich, daß einzig sie einem Menschentum den alle Geschichte erst begründenden und auszeichnenden Bezug zu einem Seienden im Ganzen als einem solchen gewährt. Nur der eksistente Mensch ist geschichtlich. Die „Natur“ hat keine Geschichte.[37]

Im Wahrheits-Vortrag, der zugleich einen gewissen Einblick in das Denken der Kehre zu ›Zeit und Sein‹ gibt, wurde das Wesen des Menschen von seinem Bezug zum Sein als Eksistenz bestimmt, die in der Freiheit wurzelt. Im Humanismusbrief hingegen wird nun dieser Bezug ausdrücklich vom Sein her gedacht, dergestalt, daß jenes Verhältnis des Seins zum eksistenten Wesen des Menschen so gefaßt wird, daß das Sein selbst das Verhältnis ist. Jetzt ist nicht mehr der Mensch das Wesentliche, sondern das Sein, das sich als dieses Verhältnis stiftet, indem es inmitten des Seienden das Dasein versammelt als die Ortschaft und Stätte der Lichtung. Sie ist die Schickung des Seins und ereignet sich als „Da", was besagt, daß der Mensch vom Sein selbst in die Wahrheit des Seins geworfen ist. Die Geworfenheit des Da-seins, wie sie in ›Sein und Zeit‹ expliziert wurde, gründet somit im Wurf des Seins, den Heidegger als „Ruf" bestimmt, durch den das Dasein in die Wahrheit des Seins gerufen ist.[38]

Vor diese Geworfenheit wird das Dasein durch die jeweilige Gestimmtheit gebracht. Diese kann aber jetzt nicht mehr, wie in ›Sein und Zeit‹, von den wechselnden Stimmungen des Menschen her gesehen werden, sondern ist aus dem Ruf und der „Stimme des Seins" zu interpretieren.[39] Dergestalt ist z. B. die Angst als ausgezeichnete Stimmung nicht nur als Erfahrung des Nichts, sondern seinsgeschichtlich als Ausstehen des Seinsgeschickes des Nihilismus zu verstehen.

Das Achten auf den Zuspruch des Rufs, darin der Mensch vom Sein angesprochen und beansprucht wird, geschieht als gestimmtes, d. h. angesprochenes Ent-sprechen, und dieses ist *Sprache.* In ihr ist dem Menschenwesen Verstehen ermöglicht und Welt eröffnet, welche Eröffnung die Lichtung des Seins ist, der Mensch hingegen ihre Stätte. „Lichtung geschieht als Sprache" besagt: „Das Sein kommt, sich lichtend, zur Sprache. Es ist stets unterwegs zu ihr. Dieses Ankommende bringt das ek-sistierende Denken seinerseits in seinem Sagen zur Sprache." [40]

Doch sind diese Sätze noch nachvollziehbar? Ist mit ihnen nicht das Feld der bloßen Konstruktion und leeren Spekulation betreten, die jeglichen Aufweises entbehrt?

Es ist einsichtig, daß Heideggers Bestimmung der Sprache unzulänglich bleibt, wenn diese als Informationsträger, Zeichensystem oder stimmliche Artikulation eines ideellen Wesens (Geist, Bewußtsein usw.), kurz: als Ausdruck verstanden und damit als Leistung des Subjekts begriffen wird. Was hingegen Heidegger mit Sprache meint, erschließt sich erst, wenn das Subjekt seine Ohnmacht erfährt, sich nicht selbst in seiner Endlichkeit begründen zu können, sondern sich in seinem Dasein hinnehmen zu müssen.[41]

Sprache wird dann nicht mehr als unsere Hervorbringung verstanden, derer wir uns bedienen, sondern als das, worin wir schon je sind und woraus wir sprechen. Die anfängliche Natur dieser so verstandenen Sprache versucht Heidegger vom wesenhaften Sagen her zu denken.[42] „Sagen, s a g a n heißt zeigen: erscheinen lassen, lichtend-verbergend frei-geben als dar-reichen dessen, was wir Welt nennen. Das lichtend-verhüllende, schleiernde Reichen von Welt ist das Wesende im Sagen.“ [43] Solches Sagen ist im Mythos, im wesenhaften Dichten und Denken Wirklichkeit. Alles, was der Mythos erzählt, begibt sich im mythischen Sagen selbst und wird durch es gestiftet: das Offenbarwerden des Göttlichen und Menschlichen. Weder sind sie eine „vor“ diesem Sagen gegebene Wirklichkeit, noch ist dieses ihre vom Dichter erfundene Benennung, sondern Götter und Menschen werden im Sagen gegenwärtig, zu dem die Sagenden, wie z. B. die griechischen Epiker, von den Musen ermächtigt sind. Ähnliches gilt aber auch für die Dichtung, wie Heidegger mit einer Interpretation des George-Gedichts ›Das Wort‹ zu zeigen versucht, dessen entscheidender Satz ist:

So lernt ich traurig den verzicht:
Kein ding sei wo das Wort gebricht.

Das dichterische Wort ist in dieser Erfahrung weder die Begründung oder Schaffung des Dings noch dessen bloße Benennung, sondern das, was ein jedes Ding erst in dem, was es ist, erscheinen und anwesen läßt. Solches Wort entspringt nicht der subjektiven Beliebigkeit des Dichters, sondern ist ihm zugesagt, indem er auf es hört und es zur Sprache zu bringen versucht.[44]

Dergestalt geschieht auch ursprüngliches Sprechen nie aus Eigenmächtigkeit, sondern zuvor als Hören auf den Zuspruch der in der Sage eröffneten Lichtung. Ihm entsprechend bringt der Mensch in der Sprache die lautlose Sage in das Verlauten des Wortes: „Die Sage braucht das Verlauten im Wort. Der Mensch aber vermag nur zu sprechen, insofern er, der Sage gehörend, auf sie hört, um nachsagend ein Wort sagen zu können.“ [45] Diese Sätze klingen befremdlich, und doch stellen sie den Versuch dar, den scheinbar selbstverständlichen Tatbestand zu erhellen, daß wir nicht aus der Sprache heraustreten können und nicht nur d i e Sprache, sondern vor allem a u s ihr sprechen. Dieses „Aus“ wird als Hören bestimmt. Was gehört wird, ist das Sprechen der Sprache. Dieses wiederum ist ein Sagen und deren Einheit die unverfügbare Sage als zeigen, erscheinen — und hörenlassen.

Jedes Sprechen ist deshalb in die mit ihm geschehene Offenbarkeit von Seiendem eingelassen, wenngleich zunächst und zumeist im sie verstellenden Modus des Verfallens. Ausdrücklich hingegen zeigt sich dieser Bezug zur Offenbarkeit im ursprünglichen Sprechen, z. B. des Dichters, dessen Wort das Seiende in dem, was es ist, d. h. in seinem Sein erscheinen läßt und damit die Sage als Offenbarkeit des Seins vollbringt.

So gesehen wohnt das Sein von allem, was ist, im Wort und ist die Sprache „das Haus des Seins", in dem der Mensch wohnt.[46] Damit ist die volle Bedeutung von Ek-sistenz als Wesen des Menschen expliziert.

Ek-sistenz meint das „Stehen in der Lichtung des Seins" als deren sorgender Austrag, der im ent-sprechenden Hören auf den geschichtlichen Zuspruch der Sage geschieht.

Er ist dem Menschen überantwortet, daß er ihn zur Sprache bringe, damit im Lichte des Seins das Seiende in dem, was es ist, erscheine. Ob und wie es erscheint, entscheidet nicht der Mensch. Er bringt es nur zur Sprache, indem er der als Sage geschehenden Lichtung entspricht. Dergestalt hütet er die Wahrheit des Seins und ist er „Hirt des Seins".[47] „Hirte", „Wächterschaft" und „Sorge" meinen dasselbe: Das Wohnen im Haus des Seins als dessen Austrag, als den das Sein den Menschen ereignet.

Ein abschließendes Zitat soll die genannten Bestimmungen des Existenzbegriffs und seiner Opposition zur Metaphysik nochmals vor Augen führen.

> „Ek-sistenz" ist im fundamentalen Unterschied zu aller existentia und „existance" das ek-statische Wohnen in der Nähe des Seins. Sie ist die Wächterschaft, das heißt die Sorge für das Sein. Weil in diesem Denken etwas Einfaches zu denken ist, deshalb fällt es dem als Philosophie überlieferten Vorstellen so schwer. Allein das Schwierige besteht nicht darin, einem besonderen Tiefsinn nachzuhängen und verwickelte Begriffe zu bilden, sondern es verbirgt sich in dem Schritt-zurück, der das Denken in ein erfahrendes Fragen eingehen und das gewohnte Meinen der Philosophie fallen läßt.[48]

Bibliographie

Die Werke Heideggers werden im folgenden chronologisch geordnet aufgeführt, wobei auf die Wiedergabe von Reden, Briefen u. a. verzichtet wurde. Zur Literatur über Heidegger sei auf folgende Bibliographien verwiesen:

I. Bibliographien

Lübke, H.: Bibliographie der Heidegger-Literatur 1917—1955. In: Zeitschrift f. phil. Forschung 11 (1957).

Sass, H. M.: Heidegger-Bibliographie. Meisenheim am Glan 1968.

Ders. (Hrsg.): Materialien zur Heidegger-Bibliographie 1917—1972. Meisenheim am Glan 1975.

II. Werke[49]

Frühe Schriften. Frankfurt a. M. 1972. (Enthält die Schriften von 1914 bis 1916.)

Sein und Zeit. Erste Hälfte. Halle 1927, 12. Aufl. Tübingen 1972.

Was ist Metaphysik? Bonn 1929. (Die 4. Aufl., Frankfurt a. M. 1943, ist von Heidegger mit einem interpretierenden Nachwort versehen worden und die 5. Aufl. 1949 mit einem Vorwort.)

Kant und das Problem der Metaphysik. Bonn 1929.

Vom Wesen des Grundes. In: Festschrift, E. Husserl zum 70. Geburtstag gewidmet. Halle 1929, 4. Aufl. Frankfurt a. M. 1955.

Vom Wesen der Wahrheit. Frankfurt a. M. 1943, 4. Aufl. 1961.

Erläuterungen zu Hölderlins Dichtung. Frankfurt a. M. 1944, 4. erweiterte Aufl. 1971.

Platons Lehre von der Wahrheit. Mit einem Brief über den Humanimus. Bern 1947.

Holzwege. Frankfurt a. M. 1950.

Einführung in die Metaphysik. Tübingen 1953.

Der Feldweg. Frankfurt a. M. 1953.

Vorträge und Aufsätze. Pfullingen 1954.

Was ist das — die Philosophie? Pfullingen 1956.

Zur Seinsfrage. Frankfurt a. M. 1956.

Der Satz vom Grund. Pfullingen 1957.

Identität und Differenz. Pfullingen 1957.

Hebbel als Hausfreund. Pfullingen 1957.

Gelassenheit. Pfullingen 1959.

Unterwegs zur Sprache. Pfullingen 1959.

Nietzsche. 2 Bde. Pfullingen 1961.

Die Frage nach dem Ding. Zu Kants Lehre von den transzendentalen Grundsätzen. Tübingen 1962.

Die Technik und die Kehre. Pfullingen 1962.

Wegmarken. Frankfurt a. M. 1967. (Enthält den Wiederabdruck von Aufsätzen aus den Jahren 1929—1964, darunter auch: Hegel und die Griechen. Kants These über das Sein. Vom Wesen und Begriff der PHYSIS.)

Der europäische Nihilismus. Pfullingen 1967. (Enthält den Wiederabdruck von Aufsätzen aus dem Jahr 1961.)

Zeit und Sein — Temps et Etre. In: L'Endurance de la Pensée. Paris 1968.

Theologie und Philosophie. In: Archives de Philosophie 32 (1969).

Zur Sache des Denkens. Tübingen 1969.

Heraklit. Seminar Wintersemester 1966/67. (Zusammen mit E. Fink.) Frankfurt a. M. 1970.

Phänomenologie und Theologie. Frankfurt a. M. 1970.

Schellings Abhandlung Über das Wesen der menschlichen Freiheit „1809“. Hrsg. von H. Feick. Tübingen 1971.

III. Literatur über Heidegger

a) Gründliche Gesamtdarstellungen geben:

Herrmann, F. W. von: Die Selbstinterpretation Martin Heideggers. Meisenheim am Glan 1964. (Das Buch thematisiert die Selbstauslegung, die der späte Heidegger von seinen frühen Veröffentlichungen gibt.)

Pöggeler, O.: Der Denkweg Martin Heideggers. Pfullingen 1963.

Richardson, W. I.: Heidegger. Through Phenomenology to Thought. Den Haag 1963.

Waelhens, A. de.: La Philosophie de Martin Heidegger. Louvain, 5. Aufl. 1967. (Eine kritische, jedoch vor allem an ›Sein und Zeit‹ orientierte Gesamtdarstellung.)

b) Würdigungen und Einzeluntersuchungen:

Beaufret, J.: Wege zu Heidegger. Frankfurt a. M. 1976. (Das Werk eignet sich als Einführung in Heidegger, zu dessen Denken es über die Interpretation der Vorsokratiker einen Zugang vermittelt.)

Löwith, H.: Heidegger, Denker in dürftiger Zeit. Frankfurt a. M. 1953. (Eine kritische, die spätere Entwicklung Heideggers ablehnende Würdigung seines Denkens.)

Marx, W.: Heidegger und die Tradition. Eine problemgeschichtliche Einführung in die Grundbestimmungen des Seins. Stuttgart 1961. (Das Werk führt in die Problematik der Seins- und Wesensfrage bei Heidegger ein, die in Abhebung vom aristotelischen und Hegelschen Seins- und Wesensbegriff erörtert wird.)

c) Einen guten Einblick in die Heidegger-Diskussion geben in Form von Einzelbeiträgen die Sammelbände von:

Klostermann, V. (Hrsg.): Durchblicke. Martin Heidegger zum 80. Geburtstag. Frankfurt a. M. 1970.

Pöggeler, O. (Hrsg.): Heidegger. Perspektiven zur Deutung seines Werks. Köln-Berlin 1969.

d) Kritische Stellungnahmen zu Heidegger:

Boer, W. de: Heideggers Mißverständnis der Metaphysik. In: Zeitschr. f. phil. Forschung 9 (1955).

Buber, M.: Gottesfinsternis. Zürich 1953, S. 87 f.

Hühnerfeld, P.: In Sachen Heidegger. München 1961.

Lukács, G.: Heidegger Redivivus. In: Sinn und Form. 1 (1949) 3. Heft.

Schneeberger, G.: Nachlese zu Heidegger. Dokumente zu seinem Leben und Denken. Bern 1962.

W. Adorno, Th.: Jargon der Eigentlichkeit. Zur deutschen Ideologie. Frankfurt a. M. 1964.

ANMERKUNGEN

Einleitung

[1] Die Bezeichnung „Existenzphilosophie" ist eine von F. Heinemann beanspruchte Prägung für eine philosophische Richtung, die an Existenz orientiert ist. Vgl. F. Heinemann: Existenzphilosophie lebendig oder tot? Stuttgart u. a. [4]1971, S. 11.

[2] Hierzu O. F. Bollnow: Französischer Existentialismus. Stuttgart 1965, sowie R. Jolivet: Französische Existenzphilosophie. Bibliographische Einführung in das Studium der Philosophie (hrsg. von I. M. I. Bochênski). Bern 1948 (mit knappen Charakterisierungen der Sekundärliteratur). Zu G. Marcel vgl. vor allem die ausgezeichnete Darstellung von R. Troisfontaines: De l'existence à l'être. La philosophie de Gabriel Marcel. 2 Bde. Louvain 1953 (enthält eine vollständige Bibliographie von M. Publikationen). Zu bemerken ist noch, daß sich G. Marcel gegen die Charakterisierung seines Denkens als „christlichen Existentialismus" durch E. Gilson (Christlicher Existentialismus. Warendorf 1951) in der Vorrede zur englischen Ausgabe seines Journal Métaphysique (London 1952) verwahrt.

[3] N. Abbagnano: Philosophie des menschlichen Konflikts. Hamburg (Rowohlt) 1957. Einen Überblick über die italienische Existenzphilosophie gibt W. Röd: Der Charakter der Existenzphilosophie in Italien. In: Zeitschr. f. Phil. Forschung 12 (1958).

[4] M. de Unamuno: Das tragische Lebensgefühl. Wien 1933. Zur spanischen Existenzphilosophie vgl. J. Marias: Presence and Absence of Existentialism in Spain. In: Philosophy and Phenomenological Research 15 (1954/55).

[5] N. Berdjajew: Existentielle Dialektik des Göttlichen und Menschlichen. München 1951. Hierzu E. Porret: Nikolaj Berdjajew und die christliche Philosophie in Rußland. Heidelberg 1950.

[6] L. Schestow: Kierkegaard und die Existenzphilosophie. Graz 1949.

[7] Hierzu vor allem der instruktive Aufsatz von H. Fahrenbach: Positionen und Probleme gegenwärtiger Philosophie. In: Theol. Rundschau 32 (1967); 35 (1970); 36 (1971).

[8] D. Føllesdal: An Introduction of Phenomenology for Analytic Philosophers. In: R. E. Olson u. A. M. Paul: Contemporary Philosophy in Scandinavia. Baltimore/London 1972, S. 417 ff.

I. Existentia versus essentia?

[9] Historisch ist zu bemerken, daß sich das Wort „existentia" im Lateinischen zum ersten Mal bei Marius Victorinus (ca. 360 n. Chr.) findet und dort im Gegensatz steht zu „substantia", die das aristotelische „Wesen" wiedergibt. Vgl. hierzu K. Hoenn: Die Bibliothek der Alten Welt, 4. Reihe, Bd. 8 (Christlicher Platonismus. Die theologischen Schriften des Marius Victorinus). Zürich/Stuttgart 1967. „essentia" hingegen ist wahrscheinlich ein von Cicero geprägtes Kunstwort (vgl. Seneca, Ep. ad Luc. 58, 6), während das Begriffspaar „essentia — existentia" sich erst nach Thomas einbürgert. Zur Geschichte der Unterscheidung von essentia—existentia vgl. die ausführliche Darstellung von E. Gilson: L'être et l'essence. Paris 1948.

Die Wesensphilosophie

[10] Das Wort „Wesensphilosophie" taucht in diesem Zusammenhang zum ersten Mal bei E. Przywara (in: Ringen der Gegenwart, Ges. Aufsätze 1922 bis 1927) auf. Die Kennzeichnung der Metaphysik als Wesensphilosopie hingegen ist an M. Müller orientiert: Existenzphilosophie im geistigen Leben der Gegenwart, Heidelberg [3]1964.

Über den Wandel des Wesensverständnisses von den Anfängen bis in die Neuzeit informiert in knappen Zügen der Artikel von K. Flasch: Wesen. In: H. Krings, H. M. Baumgartner, Ch. Wild (Hrsg.): Handbuch Philosophischer Grundbegriffe. München 1974, Bd. III, S. 1687 ff.

[11] Dergestalt begreift Hegel die Verschiedenheit der philosophischen Ansätze und Systeme als fortschreitende Entwicklung der Wahrheit, deren endgültige Gestalt „allein das wissenschaftliche System" sein kann, das sich als Resultat jener Entwicklung und diese als sein Werden begreift. F. W. G. Hegel: Phänomenologie des Geistes. Hamburg [6]1952, S. 10 ff.

[12] Met. I, 981b 25 ff.

[13] Met. VII, 1028b 35 ff.

[14] Met. XII, 1071b ff.

[15] Vergleiche dazu den Dialog ›Menon‹, in dem Platon eine Erkenntnis (des Pythagoräischen Lehrsatzes) demonstriert, die nicht aus sinnlicher Erfahrung stammt, sondern ihr vorausgeht. Gerade weil für die Geltung mathematischer Sätze diese Vorgängigkeit konstitutiv ist, nimmt Platon die Mathematik als Vorbild philosophischen Wissens.

[16] Phaidon 79a ff.

[17] Zur weiteren Vertiefung dieser Thematik vgl. vor allem E. Coreth: Metaphysik. Eine methodisch-systematische Grundlegung. Innsbruck u. a. 1961.

H. Dreyer: Der Begriff Geist in der deutschen Philosophie von Kant bis Hegel. In: Kantstudien. Ergänzungsheft Nr. 7 (1908).

M. Heidegger: Einführung in die Metaphysik. Tübingen 1953.

J. Stenzel: Zur Entwicklung des Geistbegriffs in der griechischen Philosophie (1925). In: Kleine Schriften zur griechischen Philosophie. Darmstadt 1972.

[18] Bekanntlich erfüllt sich für Kant der Sinn der sittlichen Tat in der Maxime: „Werde allgemein, indem du das tust, was jeder an deiner Stelle tun müßte" und das heißt zugleich: Befreie dich von deiner Endlichkeit in der Überwindung der durch individuelle Anlagen oder Triebe, subjektive Interessen oder partielle Ziele bestimmten Motivationen des Willens. Dies wiederum ist nur möglich, weil der Mensch prinzipiell schon frei ist und deshalb seine Freiheit in der sittlichen Tat realisieren kann in der Unterwerfung unter den kategorischen Imperativ. An ihm als der „ratio cognoscendi" wird die Freiheit erkannt, wie umgekehrt die Freiheit Voraussetzung, „ratio essendi", dafür ist, daß es so etwas wie ein allgemeines „Soll" überhaupt geben kann. Kant, Kr. d. pr. V., 6.

[19] G. W. F. Hegel, a. a. O., S. 83 ff.

[20] G. W. F. Hegel: Glauben und Wissen, Hamburg 1962, S. 12.

Kierkegaards Frage

[21] Zur Kierkegaards Hegelkritik vgl. vor allem S. Kierkegaard: Abschließende unwissenschaftliche Nachschrift zu den philosophischen Brosamen (im folgenden: Nachschrift), S. 241 ff. Wenn nicht anders vermerkt, wird nach der Hegner-Ausgabe zitiert (s. Kierkegaardbibliographie im 2. Teil).

[22] Die Komik des abstrakten Denkers liegt darin, daß er wider Willen ein Doppelwesen ist, „ein phantastisches Wesen, das im reinen Sein der Abstraktion lebt, und eine zuweilen traurige Professorengestalt, welche jenes abstrakte Wesen von sich weg stellt, wie man einen Stock weg stellt. Wenn man den Lebenslauf eines solchen abstrakten Denkers liest — denn seine Schriften sind vielleicht ausgezeichnet —, so gruselt's einem zuweilen bei dem Gedanken, was das ist, Mensch zu sein. (Und wenn man dann in seinen Schriften liest: daß Denken und Sein eins sind, dann denkt man, indem man an sein Leben und Treiben denkt: dieses Sein, mit dem das Denken identisch ist, ist gewiß nicht das Menschsein.) Wenn auch eine Spitzenklöpplerin noch so herrliche Spitzen herstellte, ist es doch traurig, an diese arme verkrüppelte Person zu denken; und so ist es komisch, einen Denker zu sehen, der trotz aller Bravour persönlich wie ein Kleinigkeitskrämer existiert, der für seine Person zwar geheiratet, aber kaum die Macht der Verliebtheit gekannt hat oder von ihr bewegt gewesen ist, dessen Ehe daher wohl ebenso unpersönlich wie sein Denken war, dessen persönliches Leben ohne Pathos und ohne pathologische Kämpfe gewesen ist und nur philiströs darum bekümmert, welche Universität das beste Auskommen böte. Ein solches Mißverhältnis sollte man in bezug auf Denken für unmöglich halten, man sollte glauben, es gehöre nur zum Elend der äußeren Welt, wo der eine Mensch für den andern Sklavendienste tut, so daß man die Spitzen nicht ohne Tränen bewundern kann, wenn man an die

Klöpplerin denkt. Man sollte glauben, ein Denker führe das reichste menschliche Leben — so war es in Griechenland" (Nachschrift S. 462).

[23] Nachschrift, S. 304.

[24] Nachschrift, S. 340. Hierzu auch Th. Haecker: Der Begriff der Wahrheit bei Sören Kierkegaard. Innsbruck 1932.

[25] Nachschrift, S. 166.

[26] Ibd., S. 222.

[27] Nachschrift, S. 490.

Die „Existenz"

[28] Hierzu E. Tugendhat: Ti kata tinos. Freiburg/München 1958.

[29] Zur Umwandlung des traditionellen Existenzverständnisses zum existenzphilosophischen vgl. vor allem die gedrängte Skizze von M. Heidegger: Existenz. In: Nietzsche. Pfullingen 1961, Bd. II, S. 473 ff. Über den Bezug der Existenzphilosophie zu Schelling informiert genauer H. Krings: Ursprung und Ziel der Philosophie der Existenz. In: Phil. Jahrbuch 61 (1951).

[30] Als literarisches Beispiel solchen Bewußtwerdens von Existenz sei an dieser Stelle ein Auszug aus Sartres Roman ›Der Ekel‹ (Hamburg, Rowohlt. 1963) zitiert:
„Nichts hat sich geändert, und doch existiert alles auf eine andere Art. Ich kann es nicht beschreiben. Es ist wie der Ekel — und doch ist es auch wieder gerade sein Gegenteil: endlich stößt mir ein Abenteuer zu, und wenn ich mich selbst befrage, sehe ich, daß es mir zustößt, daß ich ich bin und daß ich hier bin; ich bin es, der durch den Abend schreitet, und ich bin glücklich wie ein Romanheld." (S. 61). „Alle diese Menschen sitzen mit ernsten Gesichtern da, sie essen. Nein, sie essen nicht: sie sammeln frische Kräfte, um die ihnen obliegenden Aufgaben zu einem guten Ende zu führen. Jeder von ihnen hat seine eigene kleine fixe Idee, die ihn hindert, zu bemerken, daß er existiert" (S. 119).

[31] So ist, um ein Beispiel aus J. P. Sartres Drama ›Die Fliegen‹ anzuführen, Orest nicht schon vor dem Muttermord Orest; sondern er wird Orest erst durch seine Handlungen und den Verlauf des Dramas.

[32] Dieser ursprüngliche und als jeweilige Situation gegenwärtige Weltbezug der Existenz ist gemeint, wenn Heidegger das Dasein (d. h. den Menschen) ontologisch als „In-der-Welt-sein" bestimmt (vgl. S. 94 f. der vorliegenden Darstellung), und Kierkegaard in ontischer Rede vom konkreten, in eine bestimmte Umgebung hineingebundenen Selbst spricht (Entweder — Oder, S. 830).

[33] Dies ist auch der Grund, weshalb ich mir nicht vorstellen kann, wie eine bereits durch mich mitkonstellierte Situation ohne mich wäre. Ein solche Vorstellung könnte nur in einer totalen Identifikation mit den Anderen glücken, jedoch um den Preis der Selbstzerstörung oder in der Abstraktion von meiner und der Anderen Individualität wie in der theoretischen Betrachtung, jedoch um den Preis der Zerstörung der Situation.

[34] Analogien zu dieser existenzphilosophischen Auffassung des Todes finden sich bekanntlich in Rilkes späteren Gedichten wie den ›Sonetten an Orpheus‹ und vorbereitend in den ›Aufzeichnungen des Malte Laurids Brigge‹, wo das fabrikmäßige „Man stirbt" dem „großenTod" gegenübergestellt wird, den der Mensch als unvertretbare, eigenste Leistung vollbringt und „ausarbeitet". Vgl. dazu R. M. Rilke: Werke in drei Bänden. Frankfurt a. M. 1966, Bd. 3, S. 113 ff.

Die Auslegungen von „Existenz"

Sören Kierkegaard

[1] Über die Existenzphilosophie hinaus ist vor allem die dialektische Theologie (K. Barth, R. Bultmann, F. Gogarten u. a.) von Kierkegaard beeinflußt. Hierzu H. Schröer: Die Denkform der Paradoxalität als theologisches Problem. Eine Untersuchung zu Kierkegaard und zur neueren Theologie als Beitrag zur theologischen Logik. Göttingen 1960.

Zu erwähnen ist ferner Kierkegaards Wirkung auf A. Strindberg, S. Lagerlöf sowie auf F. Kafka und vor allem auf R. M. Rilke. Dazu W. Kohlschmidt: Die entzweite Welt. Studien zum Menschenbild in der neueren Dichtung. Gladbeck 1953.

[2] Vgl. E. Geismar: Wie urteilte Kierkegaard über Luther? In: Luther-Jahrbuch 10 (1928). Ders.: Kierkegaard und Luther. In: Monatsschrift f. Pastoraltheologie 24 (1928). D. G. H. Patrik: Pascal and Kierkegaard. London 1947, 2 Bde. N. Thulstrup: Incontro di Kierkegaard e Hamann. In: C. Fabro (Hrsg.): Studi Kierkegaardiani. Brescia 1957.

[3] Dazu W. Rehm: Kierkegaard und der Verführer. München 1949.

[4] Hierzu W. Anz: Kierkegaard und der deutsche Idealismus. Tübingen 1956. W. Struve: Kierkegaard und Schelling. In: Orbis Litterarum (= Kierkegaard Symposion). Kopenhagen 1950, Bd. 10. Über das Verhältnis Kierkegaards zu Hegel geben Auskunft: M. Bense: Hegel und Kierkegaard. Eine prinzipielle Untersuchung. Köln 1948. R. Kroner: Kierkegaard und Hegel. In: Kantstudien 46 (1954/55). N. Thulstrup: Kierkegaards Verhältnis zu Hegel. Stuttgart 1970.

[5] Die Krankheit zum Tode, S. 117 (= Krankheit). Im folgenden werden die Werke Kierkegaards nach der Hegner-Ausgabe zitiert, die dort nicht aufgeführten Schriften nach der Diederichs-Ausgabe unter Angabe der Abteilungsnummer (s. Bibliographie).

[6] Vgl. hierzu L. Richter: Der Begriff der Subjektivität bei Kierkegaard. Ein Beitrag zur christlichen Existenzdarstellung. Würzburg 1934. Der Begriff „Einzelner" ist bei Kierkegaard zweideutig, denn „,der Einzelne' kann bedeuten der Einzige von allen, und ,der Einzelne' kann bedeuten Jedermann" (Schriften über sich selbst. 33. Abt., S. 217).

[7] Vgl. Tagebücher 8 B 81, 21 und 9 A 208. Zum Problem der indirekten

Mitteilung vergl. W. Rest: Indirekte Mitteilung als bildendes Verfahren dargestellt am Leben und Werk Søren Kierkegaards. Emsdetten i. Westfalen 1937.

[8] Krankheit, S. 25.

[9] Tagebücher 8 A 554.

[10] Abschließende unwissenschaftliche Nachschrift zu den philosophischen Brosamen, S. 478 (= Nachschrift). Eine chronologisch durchgeführte Wortuntersuchung des Terminus „Existenz" gibt F.-E. Wilde: Kierkegaards Verständnis der Existenz. Copenhagen 1969. Zur genaueren Unterscheidung sei vermerkt, daß die ontologische Differenz mehrere Bedeutungsmomente aufweist. Sie bezeichnet a) die Differenz von essentia — existentia, b) die Differenz von Idealität und Faktizität. Zur Idealität gehören das Logische, Ontologische und Metaphysische und deren Grundbestimmungen: Ewigkeit, Unendlichkeit, Wesensnotwendigkeit, Allgemeinheit und Abstraktheit. Der Bereich des Faktischen und realen Daseins, zu dem auch das Historische gehört, ist dagegen durch die Bestimmungen: Einzelheit, Zeitlichkeit (Werden) und Endlichkeit charakterisiert. Im Unterschied zum Begriff des Faktischen bezieht sich dagegen der Begriff „Wirklichkeit" auf den Vollzug der Selbstwahl.

[11] Nachschrift, S. 495.

[12] Ibd., S. 476. Eine ausdrückliche Thematisierung des „inter-esse" findet sich bei A. Hügli: Die Erkenntnis der Subjektivität und die Objektivität des Erkennens bei Søren Kierkegaard. Zürich 1973, S. 78 ff. Vergl. dazu auch W. Struves Auslegung des „inter-esse" als Subjektivität des Wollens und diese als Umkehrung der Subjektivität des deutschen Idealismus. W. Struve: Die neuzeitliche Philosophie als Metaphysik der Subjektivität. Interpretationen zu Kierkegaard und Nietzsche. In: Symposion 1, München 1948.

[13] Nachschrift, S. 223.

[14] Ibd., S. 219.

[15] Nachschrift, S. 484. „Darin besteht das Dilemma des Existierens: Nur mittels der Abstraktion weiß man ums Existieren, während das Existieren doch alles Abstrahieren geradezu verbietet." H. Schmid: Kritik der Existenz. Analysen zum Existenzdenken Sören Kierkegaards. Zürich 1966, S. 219.

[16] Tagebücher IV C 100.

[17] Einen interessanten Versuch, die von Kierkegaard vorgestellte Existenzwissenschaft als hermeneutische Ontologie zu explizieren, stellt das Buch von K. Schäfer dar: Hermeneutische Ontologie in den Climacus-Schriften Sören Kierkegaards. München 1968.

[18] Tagebücher VI A 1. „Es ist offenkundig, daß die Religion im Christentum den Platz eingenommen hat, den in Griechenland die Politik einnahm (das eigentlich Volksmäßige), das, worüber geredet wird und worauf durch die Rede eingewirkt wird. Rein formal dürfte daher Aristoteles' Rhetorik einiges Licht auf die religiösen Probleme werfen. Aristoteles schiebt die gesamte Frage nach Sein und Nicht-sein, die sich in der aristotelischen Philosophie überhaupt nicht findet (seine ousia prote und deutera, vgl. Kategorien,

sind etwas ganz anderes), zur Rhetorik ab, als dem, was vor allem Überzeugung hervorzubringen hat: pistis, er gebraucht es im Plural pisteis."

[19] Vgl. Nachschrift, S. 472 u. 613.

[20] Krankheit, S. 31. Man achte darauf, wie in obiger Definition das Verhältnis als schon immer Gegebenes im Sinne des landläufigen Existierens zur Sprache kommt (... Verhältnis, *das* sich zu sich selbst verhält ...) und zugleich das Aufgegebensein des Verhältnisses als ein zu übernehmendes betont wird. (... im Verhältnis, *daß* das Verhältnis ...).

[21] Vgl. Der Begriff der Angst, S. 616 (= Angst).

[22] Entweder-Oder, S. 773.

[23] Philosophische Brosamen, S. 31 (= Brocken) und Christliche Reden 1848, 20. Abt., S. 40.

[24] Das Buch Adler oder der Begriff des Auserwählten, S. 609.

[25] Tagebücher, 8 A 320.

[26] Krankheit, S. 36 ff.

[27] Ibd., S. 48.

[28] Tagebücher 7 A 143.

[29] Tagebücher, 7 A 10.

[30] Vgl. Nachschrift, S. 513.

[31] Nachschrift, S. 413.

[32] Vgl. Tagebücher, 7 A 139.

[33] Tagebücher, 10^1 A 51.

[34] Entweder-Oder, S. 771.

[35] Hierzu Ch. Kühnhold: Der Begriff des Sprungs und der Weg des Sprachdenkens. Eine Einführung in Kierkegaard. Berlin—New York 1975.

[36] Angst, S. 475.

[37] Ibd., S. 545.

[38] Vgl. Angst, S. 547. Hierzu auch A. Piper: Geschichte und Ewigkeit bei Sören Kierkegaard. Das Leitproblem der pseudonymen Schriften. Meisenheim am Glan 1968.

[39] Der Begriff „Seele" wird von Kierkegaard oft im gleichen Sinne wie „Geist" gebraucht (vgl. Erbaul.. Reden 1843/44, 7./9. Abt., S. 61 f.).

[40] Brocken, S. 25 Anm.

[41] Christliche Reden 1848, 20. Abt., S. 107. Vgl. auch Erbauliche Reden 1843/44, 7./9. Abt., S. 23. Dazu auch: H. Fischer: Subjektivität und Sünde. Kierkegaards Begriff der Sünde mit ständiger Rücksicht auf Schleiermachers Lehre von der Sünde. Itzehoe 1963.

[42] Vgl. Krankheit, S. 117.

[43] Ibd., S. 137. Diese Position der Sünde versucht Kierkegaard mit dem Beispiel des Trotzes zu veranschaulichen und in Abhebung von der Sokratischen Unwissenheit zu bestimmen. Sünde ist ein Verderbnis des Willens, die sich darin zeigt, daß der Einzelne das Rechte „nicht verstehen will, und darin, daß er es nicht tun will" (Krankheit, S. 131). Dieser nicht mehr durch Gründe bestimmbare Trotz ist Ausdruck dafür, daß die Sokratische Einheit von Verstehen und Tun zerbrochen ist. Ohne Bewußtsein der Sünde fallen

Verstehen und Tun zusammen, hat falsches Handeln im Nichtwissen seinen Grund und ist damit prinzipiell aufhebbar, denn „wenn einer nicht das Rechte tut, so hat er es auch gar nicht verstanden, sein Verstehen ist eine Einbildung; seine Versicherung, es verstanden zu haben, eine Fehlleistung; seine wiederholte Versicherung, es zum Teufel doch verstanden zu haben, eine ungeheure, ungeheure Entfernung über den größtmöglichen Umweg. Aber dann ist ja die Definition richtig. Tut einer das Rechte, so sündigt er doch wohl nicht; und tut er nicht das Rechte, so hat er es gar nicht verstanden; hätte er es in Wahrheit verstanden, so würde es ihn bald bewegen, es auch zu tun, würde ihn bald zu einer Übereinstimmung mit seinem Verständnis bringen: ergo ist Sünde Unwissenheit. Aber wo steckt da die Mißlichkeit? Sie steckt darin, worauf das Sokratische, aber nur bis zu einem bestimmten Grad, selber aufmerksam ist und dem dadurch abhilft, daß eine dialektische Bestimmung fehlt, die den Übergang betrifft vom Verstehen zum Tun. Bei diesem Übergang beginnt das Christliche; indem es sich so auf den Weg macht, kommt es dazu, nachzuweisen, daß die Sünde im Willen liegt, zum Begriff des Trotzes" (Krankheit, S. 128); dieser ist aber keine akzidentelle Bestimmung des Willens, sondern der Wille ist in seinem Wesen trotzig, weil sündig.

44 Tagebücher, 3 A 39.

45 Brocken, S. 100.

46 Nachschrift, S. 361. Vgl. dazu auch K. O. Larsen: Zur Frage des Paradoxbegriffes in ›Philosophische Brocken‹ und ›Abschließende unwissenschaftliche Nachrichten‹. In: Orbis Litterarum X (Kierkegaard Symposion, Kopenhagen 1950), S. 130 ff., sowie P. Lönning: Kierkegaards Paradox. In: Orbis Litterarum X, S. 156 ff.

47 Nachschrift, S. 761 u. 774.

48 Nachschrift, S. 490. Es kann somit nicht darum gehen zu glauben, als ob dieser Mensch Gott wäre, sondern daß er es wirklich war. Der Glaube darf also nicht fiktionalistisch mißverstanden werden, wie dies bei S. Holm der Fall ist. S. Holm: Sören Kierkegaards Geschichtsphilosophie. Stuttgart 1956.

49 „Die Vergebung der Sünden zu glauben ist die entscheidende Wende, wodurch ein Mensch Geist wird" (Tagebücher 8 A 873). Diese glaubende Aneignung des Offenbarungsfaktums dem Einzelnen nahezubringen ist nach der Interpretation von Diem auch das Ziel der Kierkegaardschen Existenzdialektik. H. Diem: Die Existenzdialektik von Sören Kierkegaard. Zürich 1950. Dazu auch: W. Anz: Fragen der Kierkegaardinterpretation I. Kritische Bemerkungen zu dem Buche von Hermann Diem über Die Existenzdialektik von Sören Kierkegaard. In: Theol. Rundschau 1 (1952).

50 Vgl. christliche Reden 1848, 20. Abt., S. 78.

51 Der Offenbarungsbegriff enthält nicht nur etwas, „was der Mensch nicht selbst geben kann, sondern etwas, was niemals in irgendeines Menschen Sinn aufgekommen wäre, auch nicht als Wunsch, Ideal oder was man im übrigen will" (Tagebücher, 2 A 517). Es ist deshalb ein Mißverständnis Kierkegaards, den Glauben als Annahme des Offenbarungsfaktums im Aus-

gang von der Rationalität als „Irrationalismus“ bestimmen zu wollen, wie dies G. Lukacs tut. G. Lukacs. Kierkegaard. In: Deutsche Zeitschrift für Philosophie, 1 (1953), Heft 2, S. 295 ff.

[52] Krankheit, S. 129.

[53] Erbauliche Reden 1844/45, 13./14. Abt., S. 186.

[54] Christliche Reden 1848, 20. Abt., S. 26.

[55] Vgl. dazu Erbaul. Reden 1844/45, 13./14. Abt., S. 117. Eine ausgezeichnete Darstellung des Bezugs wesentlicher Existenz zum Ernst findet sich bei M. Theunissen: Der Begriff Ernst bei Sören Kierkegaard. In: Symposion. München 1958.

[56] Christliche Reden 1848, 20. Abt., S. 68.

[57] Vgl. Furcht und Zittern, S. 168 ff.

[58] Vgl. Stadien, 15. Abt., S. 507. Zum inneren Zusammenhang der Stadien vgl. W. Schulz: Kierkegaards Selbstvermittlung als Transzendenzbewegung. In: Die Vollendung des deutschen Idealismus in der Spätphilosophie Schellings. Stuttgart 1955, S. 274 ff.

[59] Entweder-Oder, S. 729.

[60] Ibd., S. 348.

[61] Entweder-Oder, S. 791.

[62] Entweder-Oder, S. 339 ff.

[63] Ibd., S. 764.

[64] Hierzu H. Fahrenbach: Kierkegaards existenzdialektische Ethik. Frankfurt a. M. 1968.

[65] Angst, S. 458.

[66] Tagebücher, 8 B 82.

[67] Nachschrift, S. 277.

[68] Angst, S. 575, Anm.

[69] Entweder-Oder, S. 786.

[70] Angst, S. 576.

[71] Entweder-Oder, S. 775. Das Verhältnis des Einzelnen zur Schuld und Sünde ist wesentlich dasselbe wie das Adams, denn „jeder Mensch verliert auf die gleiche Weise die Unschuld wie Adam“ (Angst, S. 481), der sich von den Späteren jedoch dadurch unterscheidet, daß durch ihn die Sünde in die Welt kam. Die Sünde selbst ist ein irreduzibles Faktum, weshalb nur gesagt werden kann, daß die Sünde durch die Sünde in die Welt kam (ibd., S. 475).

[72] Angst, S. 572 u. 583.

[73] Stadien, 15. Abt., S. 507.

[74] Die Wiederholung, S. 329.

[75] Angst, S. 549 Anm.

[76] Stadien, 15. Abt., S. 469.

Karl Jaspers

[1] Zur philosophischen Wirkung K. Jaspers’ vgl. R. Wisser: Ein Philosoph denkt sich frei. In: Zeitschr. f. phil. Forschung, 17/2 (1963), sowie die Lau-

datio der Jaspers-Schülerin H. Arendt: Karl Jaspers. In: K. Jaspers: Wahrheit, Freiheit und Friede. München 1958, S. 29 ff.

Zur Wirkung Jaspers' auf die französische und italienische Existenzphilosophie vgl. vor allem K. Piper (Hrsg.): Karl Jaspers, Werk und Wirkung. München 1963.

[2] Zu Jaspers' Kantianismus vgl. E. Grunert: Der Einfluß Kants auf Karl Jaspers, Zugang zur Transzendenz bei Kant und Karl Jaspers. In: Freiburger Zeitschr. f. Phil. u. Theol. 3/1 (1956), sowie: A. Lichtigfeld: Jaspers' Philosophical Basis (Kant or Hegel). In: Kantstudien 53/1 (1961/62). Über Jaspers' Verhältnis zu Nietzsche orientiert W. Kaufmann: Jaspers' Beziehung zu Nietzsche. In: P. A. Schilpp (Hrsg.): Karl Jaspers. Stuttgart 1957, S. 400 ff. Jaspers' Verhältnis zu Kierkegaard wurde bisher noch nicht eingehend erörtert. Vgl. dazu J. Wahl: La pensée de l'existence. Paris 1951, sowie C. Fabro: Jaspers et Kierkegaard. In: Revue sciences phil. theol. 37 (1953).

[3] M. Heidegger: Anmerkungen zu Karl Jaspers' ›Psychologie der Weltanschauungen‹. In: H. Saner (Hrsg.): Karl Jaspers in der Diskussion. München 1973, S. 88.

Von den zahlreichen kritischen Stellungnahmen zu Jaspers seien hier stellvertretend noch P. R. Coffin erwähnt: Philosophical Method and the Existenz Philosophy of Karl Jaspers. In: The Personalist 53, 2 (1972).

Ferner H. Tennen: Jaspers' Philosophie in kritischer Sicht. Das Verhältnis zwischen Philosophie und Wissenschaft. In: Zeitschr. f. phil. Forschung 28 (1974).

[4] K. Jaspers: Philosophie II, 9 ff. (im folgenden zitiert als P II). Hinsichtlich Erscheinungsort und -jahr der zitierten Werke Jaspers' vgl. den bibliographischen Anhang.

[5] Vgl. P I, 26; P II, 15.

[6] Vgl. dazu K. Jaspers: Vernunft und Existenz, S. 54 (im folgenden VuE), vor allem aber: Zur Frage der Entmythologisierung, S. 13. Zur Auseinandersetzung Jaspers' mit Heidegger, zu dessen Denken er sich im Gegensatz sah, vgl. H. Saner: Karl Jaspers. (Rowohlts Monographien) Reinbek b. Hamburg 1970. S. 145 f.

[7] Vgl. dazu H. Fahrenbach: Philosophische Existenzerhellung und theologische Existenzmitteilung. In: Theol. Rundschau 24 (1957/58), S. 123 ff.

[8] Unter dem Titel ›Von der Wahrheit‹ erschien 1947 der erste Band der ›Philosophischen Logik‹, in dem Jaspers noch drei weitere Bände ankündigte (Kategorienlehre, Methodenlehre und Wissenschaftslehre), zu deren Veröffentlichung es dann allerdings nicht kam.

[9] K. Jaspers: Von der Wahrheit (im folgenden: VdW), S. 170; ferner: VuE, 36 f. Dazu auch J. Mader: Das Seinsdenken bei Karl Jaspers. In: Wissenschaft u. Weltbild 10/1 (1957). Ferner: J. Thyssen: Jaspers' Buch ›Von der Wahrheit‹. In: Archiv f. Philosophie 5 (1954), H. 2.

Vgl. hierzu vor allem auch den Versuch einer erkenntnistheoretischen Reflexion des Jaspersschen Grundansatzes von U. Schmidhäuser: Allgemeine Wahrheit und existentielle Wahrheit bei Karl Jaspers (Diss.). Bonn 1953.

[10] P II, 2.

[11] Die weiteste Definition von Existenzphilosophie hat Jaspers in der ›Geistigen Situation der Zeit‹ gegeben: „Existenzphilosophie ist das alle Sachkunde nutzende, aber überschreitende Denken, durch das der Mensch er selbst werden möchte. Dieses Denken erkennt nicht Gegenstände, sondern erhellt und erwirkt in einem das Sein dessen, der so denkt" (S. 161).

[12] Jaspers unterscheidet dabei ein formales Transzendieren, das begrifflich in scheiternden Gedankenbewegungen das Sein der Transzendenz zu vergegenwärtigen sucht (vgl. P III, 36 ff.), ein existentielles Transzendieren, in dem der Einzelne seine empirische Individualität auf sein Selbst, die Existenz hin überschreitet und sich vor der Transzendenz verantwortet (ibid. S. 68 ff.) und ein metaphysisches Transzendieren als Lesen der Chiffrenschrift des Seins (ibid., S. 128 ff. Vgl. dazu auch: P I, 44 ff.). Zu beachten ist jedoch, daß auch das formale Transzendieren keine bloße Verstandesbewegung ist, sondern immer auch ein Vollzug, dem es um mein Seinkönnen geht.

[13] VuE, 100.

[14] K. Jaspers: Von der Wahrheit, S. 247 f.

[15] VdW, 51. Zum Verhältnis von Ontologie und Periechontologie vgl. VdW 160, wo Jaspers eine kontrastierende Gegenüberstellung beider versucht.

[16] VuE, 36.

[17] VdW, 48 ff.

[18] VdW, 53. Hierzu vor allem Th. Räber: Das Dasein in der ›Philosphie‹ von Karl Jaspers. Eine Untersuchung im Hinblick auf die Einheit und Realität der Welt im existentiellen Denken. Bern 1955. Ferner K. Salamun: Der Begriff der Daseinskommunikation bei K. Jaspers. Ein Beitrag zur Jaspers-Kritik. In: Zeitschr. f. phil. Forschung 22 (1968).

[19] VdW, 63.

[20] VdW, 658 u. 734 f.

[21] VuE, 40.

[22] VdW, 616 ff.

[23] Auf die Mehrdeutigkeit des Jasperssschen Weltbegriffes kann in diesem Zusammenhang nicht eingegangen werden. Vgl. dazu P I, 61 ff., sowie B. Welte: Der philosophische Glaube bei Karl Jaspers und die Möglichkeit seiner Deutung durch die thomistische Philosophie. Freiburg i. Br. 1949, S. 17 ff.

[24] VdW, 85.

[25] VdW, 97.

[26] Vgl. P I, 31; P III, 3; VdW, 104. Für Jaspers ergibt sich so aus der Begrenztheit unseres Wissens die Möglichkeit von Freiheit, ein Argument, dessen formale Parallele mit dem Kants offensichtlich ist: „Ich mußte also das Wissen aufheben, um zum Glauben Platz zu bekommen ..." Kritik d. reinen Vernunft, B XXX.

[27] Wegen dieses Zirkels kann deshalb mögliche Existenz nicht mittels der Methode des Transzendierens bewiesen und dieses nicht ohne mögliche Existenz, die Transzendenz schon „vorwegergriffen" hat, in Gang gebracht

werden, weshalb Japers sagen kann: „Existenzphilosophie ist im Wesen Metaphysik. Sie glaubt, woraus sie entspringt“ P I, 27; P III, 3.

[28] VuE, 43; P II, 6.

[29] „Ich prüfe in sachlicher Objektivität, was ich bin, und finde nur eine Fülle stets partikularer Tatbestände; aber ich prüfe darüber hinaus, was ich eigentlich bin, und sehe, daß es noch an mir selbst liegt. Ich bin das Sein, das sich um sich bekümmert und im Sichverhalten noch entscheidet, was es ist“ P II, 35.

[30] P I, 14. Vgl. auch P III, 8 u. 83 f.

[31] VdW, 76.

[32] VdW, 80.

[33] P II, 203 f. Eine prägnante Erörterung der Grenzsituationen, zugleich eine kritische Stellungnahme zur Jaspersschen Philosophie findet sich bei G. Marcel: Grundsituation und Grenzsituationen bei Karl Jaspers. In: H. Saner (Hrsg.): Karl Jaspers in der Diskussion. München 1973, S. 155 ff.

[34] Vgl. VuE, 18; P III, 71. Der von Kierkegaard übernommene Terminus der unendlichen Reflexion ist jedoch hinsichtlich Existenz zweideutig, insofern er sowohl eine die Immanenz auf Existenz hin durchbrechende Bewegung bezeichnen kann wie einen sich in der bloßen Negation des Seienden erschöpfenden Prozeß als Ausdruck der Verzweiflung an sich selbst.

[35] Die existentielle Wahl ist deshalb „nicht das Resultat eines Kampfes der Motive ... nicht die nur scheinbare Entscheidung nach Ausführung gleichsam eines Rechenexempels ... nicht Gehorsam gegen einen objektiv formulierten Imperativ ... Vielmehr ist das Entscheidende der Wahl, daß *ich* wähle“ P II, 180 f.

[36] P II, 265 f.

[37] Was hier mit „Gewissen“ bezeichnet wird, darf weder mit dem Bestand einer Gewissensinstanz, noch mit der Stimme Gottes oder der Repräsentanz eines objektiven Sittengesetzes identifiziert werden, sondern „im Gewissen spricht eine Stimme zu mir, die ich selbst bin ... Niemand ruft mich an; ich selbst spreche zu mir ... Aber dies Selbst, das ich eigentlich bin, weil es sein könnte, ist nicht schon da, sondern spricht aus dem Ursprung her, mich in der Bewegung zu führen; es schweigt, wenn ich in der rechten Bewegung bin, oder wenn ich mich ganz verloren habe“ P II, 268.

Vgl. dazu auch L. Bussmann: Der Gewissensbegriff bei Martin Heidegger und Karl Jaspers (Diss.). Würzburg 1951.

[38] Zur Differenzierung der verschiedenen Freiheitsbegriffe vgl. P II, 175 ff. und VdW, 324 ff.

[39] „Aus dieser Möglichkeit eigenen Freiseins kann ich erst nach Freiheit fragen. Freiheit ist also entweder gar nicht, oder sie ist schon im Fragen nach ihr. Daß sie aber als ursprünglicher Wille zum Freisein fragt, nimmt im Faktum des Fragens dieses Freisein vorweg. Es kann sich nicht erst beweisen und dann auch wollen, sondern Freiheit will sich, weil ihr ein Sinn ihrer Möglichkeit schon gegenwärtig ist“ P II, 176.

[40] „Beides ist notwendig, die Objektivität der Geschichte als das andere,

das auch ohne mich ist, und die Subjektivität des Jetzt, ohne die jenes andere für mich keinen Sinn hat ... Jedes für sich allein läßt die Geschichte unwirksam werden" (Vom Ursprung und Ziel der Geschichte, S. 333).

[41] Vgl. P II, 126 f., ferner VdW, 82.

[42] VE, 70 ff.; P II, 81; VdW, 373 ff. Zu diesem sozialen Sinn von Existenz vgl. U. Hommes: Die Existenzerhellung und das Recht. Frankfurt a. M. 1962.

[43] „Wie das Selbstsein mit anderem Selbstsein zu sich kommt, dafür gibt es keine zu verallgemeinernde Situation, sondern nur die absolute Geschichtlichkeit der sich Begegnenden, die Tiefe ihrer Berührung, die Treue und Unvertretbarkeit persönlicher Bindung" (Die geistige Situation der Zeit, S. 25). Vgl. dazu auch M. Buber: Schriften über das dialogische Prinzip. Freiburg 1954, wo Buber im Nachwort (S. 299) auf Jaspers und dessen Begriff der Kommunikation hinweist, in dem der Bereich des Zwischenmenschlichen entdeckt sei im Gegensatz zu Heideggers Existenzial des „Mitseins". Dazu auch M. Buber: Das Problem des Menschen. Heidelberg 1954, S. 94 ff.

[44] P I, 15. Dort auch der Verweis auf Kierkegaard. Vgl. ferner Existenzphilosophie, S. 17; P II, 42 ff.; P III, 42 f.; VE, 43 f.; Psychologie d. Weltanschauungen, S. 419 ff.

[45] VdW, 107 u. 110.

[46] „Der Glaube ist die Geschichtlichkeit der Existenz vor ihrer Transzendenz." „Was ich glaube, das bin ich" (VdW, 82; 355). Dieser Glaube kann insofern „philosophisch" genannt werden, als er die transzendierende Bewegung eines Denkens voraussetzt, das im Vollzug des Nichtdenkenkönnens der Transzendenz scheitert und sich aufhebt (vgl. dazu P III, 38 f.). Zur Unterscheidung von philosophischem und religiösem Glauben vgl.: Der philosophische Glaube, S. 60 ff.; VE, 110 ff.; sowie den instruktiven Essay P. Ricoeurs: Philosophie und Religion bei Karl Jaspers. In: H. Saner: Karl Jaspers in der Diskussion. München 1973. S. 358 ff., und die umfangreiche Arbeit R. Schaefflers: Die Frage nach dem Glauben im Werk von Karl Jaspers (Diss.). Tübingen 1952.

[47] VdW, 1051 f.

[48] P III, 19.

[49] Vgl. VdW, 847 ff., 1052.

[50] VdW, 858. Von den zahlreichen kritischen Stellungnahmen zu diesem Verständnis von Transzendenz seien hier stellvertretend erwähnt: H. Fries: Karl Jaspers und das Christentum. In: Theol. Quartalschr. 132, 3 (1952). K. Barth: Die kirchliche Dogmatik. Zürich 1959, Bd. III, 2, S. 133 ff. W. Lohff: Glaube und Freiheit. Das theologische Problem der Religionskritik von Karl Jaspers. Gütersloh 1957.

[51] „Existenz wird durch Vernunft hell; Vernunft hat nur durch Existenz Gehalt ... Existenz, angewiesen auf die Vernunft, durch deren Helle sie erst Unruhe und den Anspruch der Transzendenz erfährt, kommt unter dem Stachel des Fragens der Vernunft erst in ihre eigentliche Bewegung. Ohne Vernunft ist Existenz untätig, schlafend, wie nicht da" (VE, 49). Dort auch

eine Stellungnahme Jaspers' zum Vernunftbegriff des deutschen Idealismus (S. 123 f. und VdW, 120 f.).

[52] Vernunft und Widervernunft in unserer Zeit (1950), S. 50.

Jean-Paul Sartre

[1] Einen Einblick in die frühe Diskussion um Sartre gibt die Aufsatzsammlung von C. Audry: Pour et contre l'existentialisme. Grand débat. Paris 1948. Zur Aktualität des Existentialismus in der Gegenwart vgl. R. Bubner: Kritische Fragen zum Ende des französischen Existentialismus. In: Phil. Rundschau 14 (1966). Ferner die Sartre gewidmete Nummer: The Journal of the British Society for Phenomenology, vol. 1 no. 2 (1970).

[2] Die Auseinandersetzung mit Sartre bewegte sich in der Vergangenheit meist in den Niederungen der Weltanschauungskämpfe, während das fachphilosophische Interesse an Sartres Existenzauffassung damals nur am Rande zum Tragen kam und heute beinahe gänzlich zurückgetreten ist gegenüber der Diskussion Sartres aus anthropologischer, sozialphilosophischer und politischer Sicht. Über die Philosophie hinaus ist in diesem Zusammenhang auch Sartres Wirkung auf die von Cooper, Laing u. a. vertretene Richtung der Anti-Psychiatrie zu erwähnen. Hierzu vor allem D. G. Cooper, R. D. Laing: Vernunft und Gewalt. Drei Kommentare zu Sartres Philosophie 1950—1960. Frankfurt a. M. 1973. D. Cooper: Psychiatrie und Anti-Psychiatrie. Frankfurt a. M. 1971.

[3] Über die französische Phänomenologie sowie über Sartres Konzeption der Phänomenologie informiert ausführlich H. Spiegelberg: The Phenomenological Movement. The Hague 1960, Bd. 2, S. 445 ff.

[4] Zu Sartres philosophischer Biographie vgl. vor allem den Beitrag „Sartre über Sartre" in: J.-P. Sartre: Das Imaginäre. Hamburg (Rowohlt) 1971, S. 11 ff. Ferner S. de Beauvoir: Memoiren einer Tochter aus gutem Hause. Hamburg (Rowohlt) 1960. In den besten Jahren. Ebda. 1961. Der Lauf der Dinge. Ebda. 1966. Dazu auch Ph. Thody: Sartre: a biographical introduction. London 1971.

[5] Hierzu vor allem K. Hartmann: Grundzüge der Ontologie Sartres in ihrem Verhältnis zu Hegels Logik. Eine Untersuchung zu « L'être et le néant ». Berlin 1963. Ferner W. Biemel: Das Wesen der Dialektik bei Hegel und Sartre. In: Tijdschrift voor philosophie 20 (1958), sowie H. Marcuse: Existentialismus. Bemerkungen zu Jean-Paul Sartres ›L'Etre et le Néant‹. In: Sinn und Form. 2 (1950) 1. Heft. Zum Versuch, die Phänomenologie Husserls mit der Hegels zu verbinden, vgl. A. de Waelhens: Existence et Signifikation. Louvain-Paris 1958, S. 7 ff.

[6] Zur Kierkegaard-Rezeption Sartres vgl. J. Grooten: Le soi chez Kierkegaard et Sartre. Revue philosophique de Louvain L (Febr. 1952).

[7] Zum Verhältnis Heidegger — Sartre: A. de Waelhens: Heidegger et J.-P. Sartre. In: Deucalion 1 (1946).

[8] Eine knappe Besprechung des literarischen Werkes findet sich bei W. Grenzmann: Weltdichtung der Gegenwart. Bonn [3]1961, S. 219 ff.

[9] Das Sein und das Nichts (= SN), S. 10 (s. Bibliographie).

[10] SN, S. 30.

[11] SN, S. 18.

[12] SN, S. 21.

[13] SN, S. 40.

[14] SN, S. 46 ff.

[15] SN, S. 91.

[16] Damit ist zugleich die ontologische Begründung gegeben für die Möglichkeit von Verhaltensweisen, wie z. B. Ironie, Selbstverneinung, Wahrhaftigkeit und Unwahrhaftigkeit usw.

[17] SN, S. 33. Eine kritische Erörterung dieser Grundbestimmungen findet sich bei G. Schwappach: Systematische Kritik der Grundlagen von Sartres L'être et le néant. In: Zeitsch. f. phil. Forschung 24 (1970).

[18] SN, S. 66 und: Ist der Existentialismus ein Humanismus? In: Drei Essays, S. 16.

[19] Hierzu vor allem R. Troisfontaines: Le choix de J.-P. Sartre. Exposé et critique ›L'être et le néant‹. Paris [2]1951.

[20] SN, S. 619.

[21] SN, S. 701 ff. Dazu auch A. Stern: Sartre. His Philosophy and Psychoanalysis. New York 1953.

[22] So enthüllt sich z. B. der Feindseligkeitskoeffizient der Dinge nur durch uns in der Setzung eines Zieles: „Jener Felsblock, der einen unermeßlichen Widerstand bekundet, wenn ich ihn fortbewegen will, ist dagegen eine wertvolle Hilfe, wenn ich hinaufklettern und die Landschaft betrachten will. An und für sich — falls es überhaupt möglich ist, das ins Auge zu fassen, was er an und für sich sein kann — ist er neutral, das heißt, er wartet darauf, durch ein Ziel erhellt zu werden, um sich als Gegner oder als Bundesgenosse bekunden zu können" (SN, S. 611).

[23] Vgl. SN, S. 137 f. und S. 610 ff.

[24] Hierzu A. Podlech: Der Leib als Weise des In-der-Welt-Seins. Bonn 1956.

[25] SN, S. 626 f.

[26] SN, S. 689. Zur Konsequenz dieses Freiheitsbegriffs vgl. J. Collins: Sartre's postulatory atheism. In: J. Collins: The existentialists. A critical study. Chicago 1952, S. 38 ff. Sowie K. Hübner: Fichte, Sartre und der Nihilismus. In: Zeitsch. f. phil. Forschung 10 (1956).

[27] SN, S. 674 u. 688 f.

[28] Vgl. dazu auch M. Müller: Erfahrung und Geschichte. Freiburg/München 1971, S. 133.

[29] Ist der Existentialismus ein Humanismus? S. 11.

[30] SN, S. 81.

[31] SN, S. 71.

[32] SN, S. 88.

[33] Vgl. SN, S. 696 und: Ist der Existentialismus ein Humanismus? S. 12.

[34] Hierzu die gründliche Untersuchung von P. Kampits: Sartre und die Frage nach dem Anderen. Eine sozialontologische Untersuchung. Wien/München 1975.

[35] SN, S. 344 f. Dazu auch die kritische Stellungnahme zu Sartres Theorie des Blicks von J. Thyssen: Vom Gegebenen Realen. Mit einem Blick auf die Erkenntnismetaphysik von Sartre. In: Kant-Studien 46 (1954/55).

[36] SN, S. 341.

[37] SN, S. 345 ff.

[38] SN, S. 359. Daß aber dadurch der Andere zu einem weltjenseitigen Subjekt wird und Ich und Welt auseinanderfallen, wird überzeugend von G. Brand in einer kritischen Stellungnahme zur Ontologie und Phänomenologie Sartres dargelegt. G. Brand: Die Lebenswelt. Berlin 1971, S. 156 ff.

[39] SN, S. 380.

[40] Vgl. SN, S. 374. Als Beispiel von „konkreten Verbindungen mit Anderen" (SN, S. 464 ff.) wählt Sartre die Einstellungen der Liebe, der Sprache, der Begierde, des Hasses usw., Haltungen, in denen sich, Sartre zufolge, die Objektivierung bzw. Assimilierung der Freiheit des Anderen vollziehe.

[41] J. P. Sartre: Marxismus und Existentialismus, S. 21 u. 27. Zu Sartres Verhältnis zum Marxismus vgl. vor allem M. Merleau-Ponty: Sartre und der Ultra-Bolschewismus. In: Die Abenteuer der Dialektik. Frankfurt a. M. 1968, S. 115 ff. Ferner G. Lukács: Sartre contre Marx. In: Lukács: Existentialisme ou marxisme? Paris 1948, S. 141 ff. Sowie G. A. Zehm: Historische Vernunft und direkte Aktion. Zur Politik und Philosophie Jean-Paul Sartres. Stuttgart 1964.

[42] Marxismus und Existentialismus, S. 75.

[43] Hierzu vor allem das grundlegende Werk von M. Theunissen: Der Andere. Berlin 1965. Theunissen zufolge gibt Sartre in der ›Kritik der dialektischen Vernunft‹ die in ›Das Sein und das Nichts‹ vertretene These der Weltjenseitigkeit des Anderen preis zugunsten einer gemeinsamen Praxis (S. 190). Dazu auch K. Hartmann: Sartres Sozialphilosophie. Eine Untersuchung zur ›Critique de la raison dialectique I‹. Berlin 1966.

[44] Marxismus und Existentialismus, S. 143.

Albert Camus

[1] A. Espiau de la Maestre: Der Sinn und das Absurde. Salzburg 1961, S. 49. Dazu auch Sartres Nachruf auf Camus: Albert Camus. In: J. P. Sartre: Porträts und Perspektiven. Hamburg (Rowohlt) 1971, S. 102 ff. Zum Verhältnis Camus—Sartre vgl. vor allem A. Camus: Lettre au directeur des Temps Modernes, sowie Sartres Erwiderung: Réponse à Albert Camus. In: Les Temps Modernes 8 (1952).

[2] Er sagt von sich selbst: « Je ne suis pas un philosophe et je n'ai jamais prétendu l'être » (Actuelles II, S. 63).

[3] « Je n'ai pas de goût pour la trop célèbre philosophie existentielle, et, pour tout dire, j'en crois les conclusions fausses » (Actuelles I, S. 111).

[4] Kleine Prosa, S. 7 (s. Bibliographie).

[5] Zitiert als „Mythos" nach der deutschen Übersetzung (s. Bibliographie). Dem Problemkreis des Absurden sind die Erzählung ›Der Fremde‹ und das Drama ›Caligula‹ zuzurechnen.

[6] Zitiert als „Revolte" nach der deutschen Übersetzung von 1969 (s. Bibliographie). Dem Thema der Revolte stehen der Roman ›Die Pest‹ sowie die Dramen ›Der Belagerungszustand‹ und ›Die Gerechten‹ nahe.

[7] Mythos, S. 48.

[8] Der Definition des Nouveau Petit Larousse, Paris 1968, zufolge ist « sentiment »: « connaissance ou savoir donnés d'une manière immédiate », d. h. unmittelbare Erkenntnis und unmittelbares Wissen.

[9] Vgl. Pascal: Pensées, fr. 1. (Zählung nach d. Ausgabe v. E. Wasmuth).

[10] Mythos, S. 14 f.

[11] Eine Methode legt den Horizont möglicher Erfahrung fest, den Aspekt, unter dem nur ganz bestimmte Relationen und Eigenschaften als zu untersuchende ausgegrenzt werden. Unabhängig von der Methode und den durch sie festgelegten Verfahrensvorschriften „gibt" es diese Eigenschaften nicht, insofern sie nicht ins Blickfeld treten.

[12] Mythos, S. 16.

[13] Vgl. dazu F. Nietzsches Interpretation des europäischen Nihilismus. In: Der Wille zur Macht. Stuttgart 1964, S. 13 ff.

[14] Mythos, S. 18.

[15] Der Fremde, S. 21.

[16] Diese Gleichgültigkeit drückt sich stilistisch vor allem im Verzicht auf Hypotaxen und in der Bevorzugung von parataktischen Fügungen aus.

[17] Mythos, S. 38 f.

[18] Mythos, S. 29. Zum Begriff des Absurden und seinen historischen Vorbedingungen vgl. auch E. Krieger: Sisyphos und der Mythos von der intellektuellen Redlichkeit. In: Phil. Jahrbuch 71 (1963) 1. Halbj.

[19] « Cœur » bezeichnet bei Camus den Lebensquell und die Natur des Menschen, sodann den „Ort" des sentiments, der unmittelbaren Lebensgewißheit und Lebenskonsequenz. Sie wird gefühlt und ruht nicht auf einem Schluß des Geistes, der vielmehr auf das Herz verwiesen ist, indem er reflexiv ausweist, was durch es eröffnet wird (vgl. Mythos, S. 9 und 19).

[20] Mythos, S. 39.

[21] Die Position Camus' ist aber weder einem Nihilismus („Und ich bin sogar der Ansicht, daß wir den Irrtum derer, die . . . sich allen herrschenden Formen des Nihilismus verschrieben, verstehen müssen, ohne indessen aufzuhören, sie zu bekämpfen" Kleine Prosa, S. 9) noch einem Atheismus verpflichtet, da beide Standpunkte nicht aus der Ausgangsevidenz erschlossen werden können. Die Nichtevidenz Gottes sagt nichts über sein Dasein oder Nichtsein aus. Begründet läßt sich nur sagen: Das Absurde „führt nicht zu Gott", jedoch nicht: es „schließt Gott aus", Mythos, S. 39. Hierzu vor allem

A. Rühling: Negativität bei Albert Camus. Eine wirkungsgeschichtliche Analogie des Theodizeeproblems. Bonn 1975. Vgl. auch P. Kampits: Der Mythos vom Menschen. Zum Atheismus und Humanismus Albert Camus'. Salzburg 1968.

[22] Mythos, S. 35.

[23] Mythos, S. 48.

[24] Gesammelte Erzählungen, S. 123.

[25] Vgl. Revolte, S. 230.

[26] Vgl. Mythos, S. 49.

[27] „Sonst, und blieb in einem Leben auch nur eine Lüge verborgen, verlieh der Tod ihr Endgültigkeit" Gesammelte Erzählungen, S. 65. Dazu auch K. Schaub: Albert Camus und der Tod. Zürich 1968.

[28] Mythos, S. 53.

[29] „Ich wußte nicht, daß die Freiheit keine Belohnung ist und auch kein Orden, den man mit Sekt feiert. Auch kein Geschenk übrigens, keine Schachtel voll gaumenkitzelnden Naschwerks. O nein! Eine Fron ist sie im Gegenteil, ein sehr einsamer und erschöpfender Langlauf" Gesammelte Erzählungen, S. 94.

[30] Der Begriff der « honnêteté » besitzt eine lange Bedeutungsgeschichte und kann nur bedingt mit „Redlichkeit" oder « Aufrichtigkeit » übersetzt werden. Das Vorbild des « honnête homme » ist, ebenso wie das des Biedermanns und des Gentleman, der « uomo universale » der Renaissance, dessen Universalität bei Pico della Mirandola (in: De dignitate hominis, 1496) in seiner Wesenlosigkeit und Freiheit begründet ist. Beide Bestimmungen sind auch für den honnête homme kennzeichnend, so daß honnêteté das Bewahren der Freiheit ist und das Festhalten an dem, was sie garantiert, wie z. B. das Bewußtsein der Zugehörigkeit zu seinem Stand: L'honnête homme se connaît. (Vgl. dazu E. Auerbach: Das französische Publikum des 17. Jahrhunderts. München [2]1965, S. 30 f.)

[31] Mythos, S. 54 ff.

[32] Ebda., S. 54. « vivre le plus » meint ebenso ein „so lange als möglich leben" wie ein „so intensiv wie möglich leben". Für den Vollzug des « vivre le plus » lassen sich keine allgemein verbindlichen Regeln geben, sondern nur Veranschaulichungen, illustrations, und Beispiele, wie es die Gestalten des „Don Juan", des „Schauspielers" und des „Eroberers" sind (vgl. Mythos, S. 61 ff.).

[33] Kleine Prosa, S. 71.

[34] Diese Wende sei hier nur kurz durch ein Zitat charakterisiert: „Auf der Stufe des Absurden beschwört der Mord in der Tat nur logische Widersprüche herauf, auf der Stufe der Revolte eine innere Zerissenheit" (Revolte, S. 227).

[35] Zur Problematik der Bestimmung der nature humaine vgl. vor allem H. Krings: Albert Camus oder die Philosophie der Revolte. In: Phil. Jahrbuch 62 (1953).

[36] Revolte, S. 238. Hierzu auch O. F. Bollnow: Von der absurden Welt zum mittelmeerischen Gedanken. In: Antares 2 (1954).

[37] Revolte, S. 230 f. Zur Rechtsbegründung Camus' vgl. G. Stuby: Recht und Solidarität im Denken von Albert Camus. Frankfurt a. M. 1965.

[38] Kleine Prosa, S. 38.

[39] Das Symbol wird von Camus als Zusammenfall von Allgemeinem und Besonderem, von Idee und Empfindung, von blindem Schicksal und logischer Konstruktion verstanden (Mythos, S. 104 ff.) und aus seiner Nähe zum Mythos begriffen. Zum Verständnis des Symbols bei Camus ist deshalb zu beachten, daß der Mythos in seiner ursprünglichen Gestalt nicht eine bloß bildliche Ausdrucksweise von Wirklichkeit, sondern diese selbst ist, indem er sie begeht und stiftet. Vgl. hierzu W. F. Otto: Gesetz, Urbild, Mythos. Stuttgart 1951. Ferner H. L. Scheel: Zur Bedeutung der griechischen Mythologie für Albert Camus. In: K. Heitmann/E. Schroeder (Hrsg.): Renatae Litterae. Studien zum Nachleben der Antike und zur europäischen Renaissance. Frankfurt a. M. 1973, S. 299 ff.

[40] Gesammelte Erzählungen, S. 125.

[41] Erwähnenswert ist in diesem Zusammenhang, daß der Held ursprünglich den Namen Mersot trug, den manche Interpreten als Mersol, mer-soleil, gedeutet haben im Hinblick auf den rituellen Sonnenmord Meursaults. Vgl. dazu M. Lebesque: Albert Camus. Hamburg (Rowohlt) 1960, S. 43.

[42] Der Fremde, S. 61.

Martin Heidegger

[1] Über die Wirkung Heideggers geben in Form von Einzelbeiträgen Auskunft C. Astrada u. a.: Martin Heideggers Einfluß auf die Wissenschaften. Bern 1949. Dazu auch M. Boss: Die Bedeutung der Daseinsanalyse für die Psychologie und Psychiatrie. In: Psyche 6 (1952/53). Ferner J. M. Robinson/J. B. Cobb (Hrsg.): Der späte Heidegger und die Theologie. Zürich/Stuttgart 1964. G. Noller (Hrsg.): Heidegger und die Theologie. München 1967. Vgl. auch P. Emad: Über den gegenwärtigen Stand der Interpretation des Denkens Heideggers in englischer Sprache. In: Zeitschr. f. phil. Forschung 27 (1973).

[2] Unterwegs zur Sprache, S. 137 (s. Bibliographie).

[3] Im folgenden wird ›Sein und Zeit‹ (= SuZ) nach der zwölften Auflage (1972) zitiert. Für die Lektüre des Werkes ist der von H. Feick zusammengestellte Index hilfreich: Index zu Heideggers ›Sein und Zeit‹. Tübingen, 2. Aufl. 1968.

[4] SuZ, S. 7. Eine scharfsinnige Erörterung der ontologischen Differenz von Sein und Seiendem findet sich bei A. Rosales: Transzendenz und Differenz. Ein Beitrag zum Problem der ontologischen Differenz beim frühen Heidegger. (Diss.) Den Haag 1970. (Phaenomenologica Bd. 33.)

[5] SuZ, S. 133.

[6] SuZ, S. 231.

[7] SuZ, S. 42.

[8] Hierzu vor allem die Ausführungen in SuZ, S. 34 ff. Heideggers Umbildung der Phänomenologie ist ausführlich dargestellt bei O. Pöggeler: Der

Denkweg Martin Heideggers, Pfullingen 1963, S. 67 ff., und vor allem bei E. Tugendhat: Der Wahrheitsbegriff bei Husserl und Heidegger. Berlin 1967. Zur Auseinandersetzung Heideggers mit der Phänomenologie vgl. die Anmerkungen Heideggers zu Husserls Encyclopaedia-Britannica-Artikel über „Phänomenologie", die W. Biemel in seiner Edition des Artikels in den Husserliana (Den Haag 1962, Bd. IX, S. 237—301 u. S. 601 f.) wiedergegeben hat, sowie Heideggers autobiographischen Aufsatz: Mein Weg in die Phänomenologie. In: M. Heidegger: Zur Sache des Denkens (s. Bibliographie), S. 81 ff. Zu Heideggers Deutung der Phänomenologie als Methode der Ontologie vgl. auch M. Heidegger: Die Grundprobleme der Phänomenologie. Frankfurt a. M. 1975, Bd. 24 der Gesamtausgabe, S. 20 ff.

[9] SuZ, S. 65. Zum Weltbegriff Heideggers vgl. vor allem W. Biemel: Le concept de monde chez Heidegger. Louvain-Paris 1950.

[10] SuZ, S. 68 ff.

[11] SuZ, S. 75.

[12] SuZ, S. 115.

[13] SuZ, S. 127.

[14] SuZ, S. 134 f.

[15] SuZ, S. 148.

[16] Vgl. SuZ, S. 192.

[17] Diese Modifikation der Erschlossenheit zeigt sich darin, daß je nach gewählter Möglichkeit über das nächste faktische Seinkönnen des Daseins, und damit über die Aufgaben, Maßstäbe und Dringlichkeiten des In-der-Welt-Seins schon je entschieden ist.

[18] SuZ, S. 187.

[19] Ebda, S. 188.

[20] SuZ, S. 287 f.

[21] SuZ, S. 258. Hierzu J. M. Demske: Sein, Mensch und Tod. Das Todesproblem bei Martin Heidegger. Freiburg i. Br./München 1963.

[22] SuZ, S. 308.

[23] SuZ, S. 326.

[24] SuZ, S. 350.

[25] SuZ, S. 385.

[26] Zur Einführung in Heideggers Spätwerk sei auf den Aufsatz von O. Pöggeler: Sein als Ereignis. In: Zeitschr. f. phil. Forschung 13 (1959) verwiesen sowie auf den Aufsatz von D. Sinn: Heideggers Spätphilosophie. In: Phil. Rundschau 15 (1967).

[27] SuZ, S. 351.

[28] SuZ, S. 437.

[29] M. Heidegger: Vom Wesen des Grundes (1955), S. 53.

[30] Diese Seinsgeschichte ist weder mit einer Heilsgeschichte identisch, die in einer endgültigen Offenbarung gipfelt, noch mit einer Geistgeschichte im Sinne Hegels, in der das Sein zu sich selbst käme und damit ganz anwesend wäre. Mit Seinsgeschichte ist vielmehr das unbegründbare, epochal-geschichtliche Sich-zeigen von Sein gemeint, von dem nur gesagt werden kann, daß es

sich, nicht hingegen, warum es sich so zeigt. Was sich zeigt und wandelt, ist die Lichtung, in der das Seinsverständnis einer Epoche, etwa des Mittelalters oder der Neuzeit, gründet, und die die Auslegung des Seienden etwa als idea, energeia, ens creatum, Subjekt oder Geist bestimmt.

[31] Hierzu M. Heidegger: Humanismusbrief. In: Platons Lehre von der Wahrheit. Bern ²1954, S. 72. Ferner K. Löwith: Heideggers Kehre. In: Die neue Rundschau 62, 4 (1951).

[32] Vgl. dazu W. Schulz' ausgezeichneten Aufsatz: Über den philosophiegeschichtlichen Ort Martin Heideggers, in dem der Versuch unternommen wird, Heideggers Denken in seinem Zusammenhang und seiner inneren Konsequenz aufzuweisen. In: O. Pöggeler (Hrsg.): Heidegger. Köln-Berlin 1969, S. 95 ff.

[33] Zu diesen Schriften vor allem W. Biemel u. A. de Waelhens: Heideggers Schrift ›Vom Wesen der Wahrheit‹. In: Symposion 3 (1952). Ferner G. Krüger: Martin Heidegger und der Humanismus. Zur Auseinandersetzung mit den Schriften ›Platons Lehre von der Wahrheit‹ und ›Brief über den Humanismus‹. In: Studia philosophica 9 (1949).

[34] Humanismusbrief, S. 70.

[35] Zur Sache des Denkens, S. 72.

[36] Nämlich in: Vom Wesen der Wahrheit (1961),S. 14 f.

[37] Ibid., S. 16.

[38] Vgl. Humanismusbrief, S. 90.

[39] Vgl. M. Heidegger: Was ist das — die Philosophie?, S. 35 ff.

[40] Humanismusbrief, S. 116.

[41] Zu Heideggers Sprachverständnis vgl. H. Jaeger: Heidegger und die Sprache. Bern 1971. Ferner den aufschlußreichen Sammelband von J. Kockelmans: On Heidegger and language. Evanston 1972. Sowie B. Allemann: Hölderlin und Heidegger. Zürich/Freiburg i. Br. 1954.

[42] Die Rechtfertigung dafür ist in der Differenz von Sagen und Sprechen zu suchen: „Sagen und Sprechen sind nicht das gleiche. Einer kann sprechen, spricht endlos und alles ist nichtssagend. Dagegen schweigt jemand, er spricht nicht und kann im Nichtssprechen viel sagen" (M. Heidegger: Unterwegs zur Sprache, S. 252).

[43] Unterwegs zur Sprache, S. 200.

[44] Ibid., S. 162.

[45] Ibid., S. 266.

[46] Ibid., S. 166 und Humanismusbrief, S. 53.

[47] Humanismusbrief, S. 66 f. u. 75.

[48] Ibid., S. 91.

[49] Die erste, auch die bisher unveröffentlichten Vorlesungen und Abhandlungen umfassende Gesamtausgabe der Werke Heideggers erscheint seit 1975 bei V. Klostermann, Frankfurt a. M.